目　次

JN109237

Contents

第2編　諸地域の歴史的特質の形成

1 西アジア文明／インダス文明 ……………… 2
2 中華文明 …………………………………… 4
3 古代ギリシア ……………………………… 6
4 西アジア文明の拡大 ……………………… 8
5 ローマ帝国 ………………………………… 10
6 キリスト教 ………………………………… 12
7 仏教の成立とヒンドゥー教 ……………… 14
8 南アジア諸国家の展開／東南アジア諸国家の展開 … 16
9 遊牧国家と秦漢帝国 ……………………… 18
10 漢の政治・社会と東部ユーラシア ……… 20
11 東部ユーラシアの民族移動 ……………… 22
12 隋唐帝国の成立と諸制度 ………………… 24
13 国際化する東部ユーラシア／東部ユーラシアの変動 … 26
14 ラテン・カトリック圏 …………………… 28
15 ギリシア正教圏 …………………………… 30
16 イスラームの誕生 ………………………… 32
17 融合文明イスラーム ……………………… 34
18 編末問題①（第2編） …………………… 36

第3編　諸地域の交流・再編

19 西アジア社会の動向とアフリカ・アジアへのイスラームの伝播 …………………………… 40
20 封建社会の展開と交易の拡大 …………… 42
21 ヨーロッパ封建社会の動揺 ……………… 44
22 中央ユーラシア型国家と盟約の時代 …… 46
23 結びつく東部ユーラシア ………………… 48
24 モンゴル帝国の成立と拡大 ……………… 50
25 モンゴルのユーラシア統合 ……………… 52
26 15〜16世紀のアジア海域での交易の興隆 … 54
27 明の統治と国際秩序 ……………………… 56
28 明代の東アジア交易 ……………………… 58
29 スペイン・ポルトガルの海洋進出 ……… 60
30 アメリカ大陸の変容 ……………………… 62
31 諸帝国の繁栄／繁栄から没落へ ………… 64
32 清の統治と国際秩序／東アジア・東南アジアの国家と社会 …………………………………… 66
33 宗教改革と宗教戦争 ……………………… 68
34 主権国家体制の形成とヨーロッパ諸国の抗争 … 70
35 大西洋三角貿易の展開 …………………… 72
36 科学革命と啓蒙思想 ……………………… 74
37 編末問題②（第3編） …………………… 76

第4編　諸地域の結合・変容

38 産業革命の展開 …………………………… 80
39 環大西洋革命とイギリス ………………… 82

40 環大西洋革命の成果と限界 ……………… 84
41 ウィーン体制 ……………………………… 86
42 ナショナリズムの広がり ………………… 88
43 資本主義と社会主義 ……………………… 90
44 南北戦争の展開 …………………………… 92
45 イギリスを中心とした自由貿易体制 …… 94
46 国際的な分業体制と労働力の移動 ……… 96
47 西アジアの改革運動と列強 ……………… 98
48 インドの植民地化／東南アジア諸国の植民地化 … 100
49 清の動揺と改革の模索 …………………… 102
50 日本の近代化と東アジア ………………… 104
51 第2次産業革命と帝国主義の時代 ……… 106
52 帝国主義諸国の抗争と世界分割 ………… 108
53 帝国主義政策のもとで変貌する東アジア … 110
54 アジアにおける変革と抵抗の契機 ……… 112
55 ロシア革命とソ連の成立 ………………… 114
56 大戦の終結とロシア革命の影響 ………… 116
57 ヴェルサイユ＝ワシントン体制の成立 … 118
58 アメリカ合衆国の台頭 …………………… 120
59 東アジアのナショナリズムとその基盤 … 122
60 アジアのナショナリズム ………………… 124
61 世界恐慌と国際経済体制の変容 ………… 126
62 ファシズム勢力の対外政策 ……………… 128
63 日中戦争から第二次世界大戦へ ………… 130
64 大戦の特徴 ………………………………… 132
65 終戦から戦後世界の構築 ………………… 134
66 戦後世界の分断 …………………………… 136
67 冷戦の波及と脱植民地化 ………………… 138
68 編末問題③（第4編） …………………… 140

第5編　地球世界の課題

69 アジア・アフリカ諸国の独立と新興独立国の結束 … 144
70 先進国の経済成長と南北問題 …………… 146
71 集団安全保障と冷戦の展開 ……………… 148
72 平和共存と多極化の進展 ………………… 150
73 アメリカ合衆国の覇権の動揺 …………… 152
74 資源ナショナリズムの動きと産業構造の転換 … 154
75 アジア・ラテンアメリカ諸国の経済成長と南南問題 … 156
76 冷戦の終結と地域紛争の頻発 …………… 158
77 経済のグローバル化 ……………………… 160
78 原子力の利用や宇宙探査などの科学技術／医療技術・バイオテクノロジーと生命倫理 ……… 162
79 人工知能と労働のあり方の変容／情報通信技術の発達と知識の普及 ………………………… 164
80 編末問題④（第5編） …………………… 166

西アジア文明／インダス文明

 節の問い
西アジア文明の進展や周辺への波及は，当時の人々の社会や生活をどのように変えたのだろうか。

ここがポイント
それぞれの地域の文明の共通点や相違点にはどのようなものがあるだろうか。

節の問い
インダス文明はのちの南アジアにどのような影響をあたえたのだろうか。

ここがポイント
各地の生業は自然環境とどのようにかかわっているだろうか。

① メソポタミア文明／エジプト文明／エーゲ海の文明

(1)　メソポタミア…ティグリス川・ユーフラテス川の間の土地

　⇒南部では早くから灌漑農業による麦の栽培さかん

　・〜前3000年ころ…❶ ＿＿＿＿＿＿＿＿人，神殿を中心とした都市

　　国家の建設→王が神官として君臨，高度な官僚制，❷ ＿＿＿＿＿＿

　　の考案，六十進法，太陰暦，太陰太陽暦，週7日制の使用

　　→❶人の滅亡（〜前2000年ころ）⇒❷は西アジアで広く使用される

　・前18世紀…バビロン第1王朝の❸ ＿＿＿＿＿＿＿＿王によるメソポ

　　タミア統一→法典の編纂，法にもとづく公正な支配

(2)　エジプト…ナイル川流域で統一国家誕生（前3000年ころ）

　⇒前7世紀…❹ ＿＿＿＿＿＿＿＿による征服で独立失う

　・❺ ＿＿＿＿＿＿＿＿（王）…太陽神の化身，ピラミッドの建設，太陽暦・

　　❻ ＿＿＿＿＿＿＿＿（神聖文字）の考案

(3)　東地中海…エジプトの影響みられる文明（前2000年ころ〜）

　　→❼ ＿＿＿＿＿＿＿＿文明（クレタ文明）繁栄…大規模で複雑な宮殿をもつ

(4)　ギリシア本土…❽ ＿＿＿＿＿＿＿＿文明（前16世紀ころ）

　　→巨石を用いた堅固な城砦，強権をもつ王，官僚制，線文字の使用

　　⇒前12世紀…寒冷化による飢饉と諸民族の移動などによる大混乱で滅亡

② インダス文明の特徴／域内での生活／インダス文明の「滅亡」

《インダス文明（前2600年ころ〜前1800年ころ）》

…大河に依拠する巨大な統一王権存在せず

・特徴…広大な範囲で遺跡分布，高度な❾ ＿＿＿＿＿＿設備が発見された大都市

　（❿ ＿＿＿＿＿＿＿＿・ハラッパーなど）⇔中小都市

　や集落遺跡も多数存在，文明圏全体を統治する強力な権力者存在せず

・都市の住民…⓫ ＿＿＿＿＿＿＿＿系（先住民）→城郭都市建設

・生業…インダス川流域：麦作農耕・牧畜，それ以外：⓬ ＿＿＿＿＿＿

　がもたらす降雨による農耕や，冬作物と夏作物の栽培が混合する地域が多数

　→北西海岸部では海上交易実施…海上交易品や文明圏の産品は大都市で取引

　⇒インダス文明は交易ネットワークの共同体

・文明の「滅亡」…前1800年ころ，インダス川流域で洪水激化→都市の放棄，地

　殻変動で海岸線後退→北西海岸部の諸都市衰退

　⇒インダス文明の多中心的性格，環境にあわせた農耕技術，牛への崇拝など

　　は文明衰退後も⓭ ＿＿＿＿＿＿系の人々に継承⇒南アジア全体に拡大

問❶ 西アジアの文明は，それぞれどのような特徴をもっているだろうか。

問❷ ハンムラビ王はどのように自らの支配を正当化しているだろうか。

問❸ 西アジアの文明はなぜ大河の周辺で生まれたのだろうか。

第1節 考察を深める問い　あなたは，この時代に生まれた文化やこの時代になされたさまざまな発見のなかで，文明の進展にもっとも大きな影響をあたえたものは何であったと考えるだろうか。また，そう考える理由は何か。

問❶ 古代文明の農耕について共通点とされてきたものは何だろうか。

問❷ ドーラヴィーラーの生業は農耕のほかに何が考えられるだろうか。

問❸ インダス文明における地域ごとの多様性はどのような傾向を生んだのだろうか。

第2節 考察を深める問い　インダス文明と西アジア文明にはどのような相違点があるだろうか。

2 中華文明

❓節の問い
中華文明はどのようにして形成されたのだろうか。

ここがポイント
中国の新石器文化はどのような場所で生まれたのだろうか。

① 中華文明の発祥と初期王朝

(1) 前5000年ころ

・❶＿＿＿＿＿＿＿＿＿（黄河上・中流域）の成立

　→竪穴式住居の集落，アワやキビを栽培する新石器文化

・長江下流域・四川・東北地域などにも新石器文化の遺跡

(2) 前2500年ころ

…❷＿＿＿＿＿（濠や城壁で囲まれた集落）の出現，社会の階層化すすむ

・❸＿＿＿＿＿＿＿＿＿（黄河中・下流域）の成立，拡大

　→大規模集落を中心とした政治権力の形成

(3) 前16世紀ころ…❹＿＿＿＿＿の成立：❷の連合体

・祭政一致の神権政治…亀甲や獣骨を用いて神の意志を占う

　→祭祀用の青銅器の鋳造，❺＿＿＿＿＿＿＿＿＿＿の使用（漢字の起源）

(4) 前11世紀…❻＿＿＿＿＿が❹を滅ぼす

・一族や功臣に領土をあたえ諸侯とする❼＿＿＿＿＿＿＿＿を実施

② 春秋・戦国時代

《❻王の権威低下…前770年に遊牧民の侵入を受け東遷，分裂状態に》

⇒前半：春秋時代，後半：戦国時代

・社会の変化

　→農業生産力の向上（鉄製農具・牛犂耕の普及，治水灌漑事業など）

　→各国が富国強兵策を実施…軍需物資獲得のために商業が発展

　→貨幣経済の浸透（刀銭など青銅貨幣の鋳造）

・旧来の身分秩序の崩壊…実力重視の社会へ

ここがポイント
新たな思想や学問が生まれた背景にはどのようなものがあるだろうか。

　→❽＿＿＿＿＿＿＿＿＿の活躍

　　…孔子（❾＿＿＿＿＿＿），老子（❿＿＿＿＿＿＿），商鞅（⓫＿＿＿＿＿＿）など

　→都市の巨大化（都城）→ほかの都市を取りこみ領域国家形成

③ 中華の形成

《後世まで長く受けつがれる政治思想・理念の形成》

・天命思想…高徳な君主が「天命」を受けた「天子」として統治

　→徳を失うと別の姓の有徳者が天命を受け君主となる

　　＝⓬＿＿＿＿＿＿＿＿＿

ここがポイント
「中華」としての共通意識はどのようにして形成されたのだろうか。

・黄河流域の文化的まとまり…「中華」という共通意識→しだいに拡大

　→自らを「中華」，他者を非文化的な「夷狄」と区別…⓭＿＿＿＿＿＿＿＿＿＿＿

⇒言語や風土をこえた共通意識の形成…漢字が重要な役割はたす

問❶ 殷と周の支配のしくみには，どのような相違点があるだろうか。

問❷ 春秋・戦国時代の社会は，どのようなものだっただろうか。

問❸ 本文や史料8「『中国』の意味」(教 p.35)によれば，「中華」や「中国」とはもともとどのような意味だっただろうか。【現代語訳】から，当てはまる部分を抜きだして説明しよう。

📖8 「中国」の意味(『詩経』❶)

【書き下し文】
此の中国を恵みて，以て四方を綏んぜよ。……
此の京師❷を恵みて，以て四国を綏んぜよ。
【現代語訳】(2 文はほぼ同義)
人民を安泰にするには，まず国都たる京師の人に恩恵をかけて，税金を軽くして生活を安定せしめる様なことをしてやらねばならぬ。その後に四方の諸侯の国にも及ぼして，天下の民を安んずるようにしたいものである。
❶中国最古の詩集　❷都　　　　(高田真治『漢詩大系　詩経』集英社)

第3節 考察を深める問い　中華文明の特徴はどのようなものだろうか。

MEMO

5

3 古代ギリシア

❓ 節の問い

西アジアと地中海周辺の諸国家の歴史はどのように展開したのだろうか。

学習課題

フェニキア人とギリシア人はどのような活動を展開したのだろうか。

ここがポイント

❶はどのような活動をおこなっただろうか。

ここがポイント

❺とはどのような空間だっただろうか。

1 フェニキア人の活動

・❶_____…地中海東岸の諸都市を拠点にさかんに交易や植民活動を展開→北アフリカに植民市❷_____を築く

　→❸_____を使用：メソポタミアやエジプトで用いられた文字に比べ文字数が少なく，簡便な表音文字→交易を通じてギリシアへ伝わり，今日の❹_____のもととなる

2 ギリシア人とポリス

(1) ❺_____(都市国家)の形成(前８世紀ころ)

　・ミケーネ文明の滅亡後，ギリシア人がエーゲ海地域の各地に❺を建設

　・神殿を中心とする市壁に囲まれた空間に人々が居住

　・❺の政治の実権は，当初は富裕な貴族がにぎる

　・❺の人口が増大すると，ギリシア人は地中海や黒海の沿岸に進出→母市にならった❻_____を建設し，獲得した穀物などを母市に運ぶ

(2) 平民の台頭(前７世紀)

《背景》貨幣の導入・商工業の発達

　・富裕な平民は武具を自ら用意し，❼_____として国防にあたる→❺の政治や裁判への発言を強める

3 民主政の基礎

ここがポイント

⓫はどのように発展しただろうか。

(1) 民主政への道のり

《背景》有力な❺である❽_____では参政権の不平等をめぐり貴族と平民が対立

・負債の帳消しと債務❾_____の禁止，血統ではなく財産額で参政権と義務を定める(前６世紀はじめ)

　→財産のある貴族は力を保持し，対立は解消せず

　→平民の不満を背景として独裁的な❿_____が出現

　→❿による政治の崩壊後，貴族の特権を否定する改革を実施(前６世紀末)

　⇒⓫_____の基礎が築かれる

4 ギリシア文化

ここがポイント

ギリシア文化はどのように生まれただろうか。

《背景》❾に労働をまかせることで余暇が発生，強大な王に支配されない❺の自由な気風

・合理的で人間中心的な独自の文化

　：彫刻，演劇，哲学，文学，歴史叙述などが発展

　　→後世のヨーロッパ文化の模範に

問❶ フェニキア人やギリシア人はそれぞれどのような活動をしたのだろうか。

(1) 右の地図中のA・Bの矢印はフェニキア人とギリシア人のどちらの植民方向を示しているだろう。

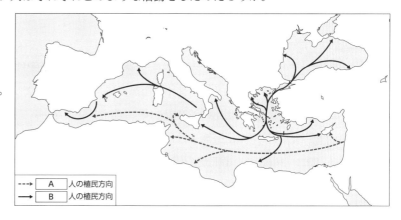

A (　　　　　　　人)
B (　　　　　　　人)

(2) (1)の地図も見て，**問❶**への解答をまとめよう。

問❷ 古代ギリシア人は奴隷をどのような存在と考えていたのだろうか。下の史料「アリストテレスの奴隷制擁護論」(教 p.47)も読んで説明しよう。

6 アリストテレスの奴隷制擁護論

　奴隷は生きた財産である。……
　……生きものはまず精神と肉体から成っている。そのうち一方(精神)はその性質上統治するものであり，他方(肉体)は統治されるものである。……精神が肉体を統治するように主人は奴隷を統治する。……奴隷と家畜の用途には大差がない。なぜなら両方とも肉体によって人生の必要に奉仕するものだから。自然は自由人と奴隷の肉体を区別することを欲し，一方を不可欠な用途に適した頑強なものに作り，他方を，直立して，この種の仕事には向かぬが，戦時や平時の政治的生活に役立つように作っている。……

（『西洋史料集成』平凡社）

問❸ 古代ギリシアの文化にはどのような特徴があるだろうか。次の語句も用いて説明しよう。

【語句】 合理的，人間中心的，哲学，歴史叙述

4 西アジア文明の拡大

学習課題

西アジア文明とアテネの都市国家の統治体制はどのように異なっていただろうか。

① 西アジアの統一

(1)　❶＿＿＿＿＿＿＿＿＿＿＿（前2千年紀はじめ〜前612）

ここがポイント

西アジアを統一したのはどのような国だろうか。

・北メソポタミアを拠点に強大な軍事力で勢力拡大→西アジアを統一する史上初の大帝国を築く（前7世紀前半）

・征服地を行政州に分割し，中央から総督を派遣する中央集権体制

・被征服民は帝国内で強制移住させられ，❶市民との同化をはかる

(2)　❷＿＿＿＿＿＿＿＿＿＿＿（前550〜前330）

・イラン高原におこり，❶の滅亡後，西アジアを再統一（前6世紀後半）

・エーゲ海からインダス川にまたがる広大な国土に❸＿＿＿＿＿＿をしく

・異民族に自治を認める寛容な政策をとりつつ，中央集権体制を確立

⇒マケドニアの❹＿＿＿＿＿＿＿＿＿＿＿に滅ぼされる

② ポリスの変容

ここがポイント

❻はポリスにどのような影響をあたえただろうか。

(1)　❺＿＿＿＿＿＿における直接民主政の完成

《背景》前5世紀はじめ，ポリスの連合軍がギリシアに遠征した❷を撃退

　（＝❻＿＿＿＿＿＿＿＿）→❺では下層市民の政治的発言権が強まる

　⇔多くの政治的役職はくじで決められ，女性や居留外国人は政治から排除

(2)　ポリス社会の衰退

　・❻のあと，❺と❼＿＿＿＿＿＿＿が対立⇒ギリシアを二分する戦争へ

③ ヘレニズム文化

ここがポイント

❹の遠征がもたらしたものは何だろうか。

(1)　❹の東方遠征

　・マケドニア王に即位し，諸ポリスの盟主としてギリシア軍を率いて東方に遠征→❷を征服し，ギリシアからインダス川におよぶ大帝国を建設

　⇒❹の死後，帝国は分裂したが，ギリシア文化は西アジア各地の文化の影響を受けながらヘレニズム（ギリシア風）文化として花開く

④ イラン高原の諸王朝

ここがポイント

イラン高原にはどのような国が成立しただろうか。

(1)　❽＿＿＿＿＿＿＿＿＿＿＿（前248ころ〜後224）

・遊牧民が建国→❾＿＿＿＿＿＿と漢を結ぶ東西交易で繁栄

(2)　❿＿＿＿＿＿＿＿＿＿＿（224〜651）

・国教：⓫＿＿＿＿＿＿＿＿＿＿＿，❽を滅ぼす

・❾帝国と抗争をくり返しながら，ヘレニズム文化を受容→ガラス器や織物などの美術工芸が発達→東西交易を通じ，西は⓬＿＿＿＿＿＿＿＿，東は⓭＿＿＿＿まで影響

⇒⓮＿＿＿＿＿＿＿＿＿勢力に敗れて滅亡（7世紀なかごろ）

問❶ 西アジアの統一はどのように達成されたのだろうか。二つの国に分けて，表に整理しよう。

アッシリア	
アケメネス朝	

問❷ キュロス王は被支配民にどのような政策をおこなったのだろうか。下の史料「アケメネス朝の王キュロスの円筒形碑文」(教 p.48)を見て説明しよう。

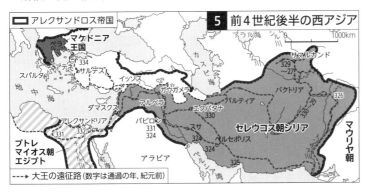

❷ アケメネス朝の王キュロスの円筒形碑文

……聖所が長い間廃墟となったままの，チグリス川の彼方の聖なる町々へ，わたしは，それぞれの民の中にその住まいを持つ神々をもとの場所に戻し，永遠の住まいに納めた。わたしはすべての住民を集め，それぞれの住みかに帰らせた。

(P.K. マッカーター・ジュニア他著，池田裕他訳『最新・古代イスラエル史』ミルトス)

問❸ アレクサンドロス大王の遠征により，西アジアにどのような文化が生まれただろうか。下の地図「前4世紀後半の西アジア」(教 p.49図5)や，右の図「サモトラケのニケ」(教 p.53図4)およびその解説を見て説明しよう。

5 前4世紀後半の西アジア

■ アレクサンドロス帝国

マケドニア王国
ペラ
334
スパルタ アテネ サルデス イッソス
地中海 ダマスクス ガウガメラ
アレクサンドリア アルベラ
331 332
331
プトレマイオス朝エジプト バビロン 331 324
アラビア スサ 324 ペルセポリス 324 325

カスピ海 アラル海 シル川
329〜27 サマルカンド
330 エクバタナ パルティア バクトリア 326
セレウコス朝シリア
マウリヤ朝

1000km

➡ 大王の遠征路(数字は通過の年，紀元前)

5 ローマ帝国

学習課題
ローマの政治体制にはどのような特徴があるだろうか。

ここがポイント
ローマはどのように地中海への進出をはじめただろうか。

① 共和政ローマ

(1) 共和政の成立(前6世紀末)

・イタリア半島の都市国家❶＿＿＿＿＿＿＿＿で王が追放される

→貴族が構成する❷＿＿＿＿＿＿＿を政治決定の最高機関とする共和政成立

・貴族と平民が対立するが，両者は法的な平等を達成(前3世紀はじめ)

→❶は国力を増し，全イタリア半島を統一

(2) 地中海への進出

・西地中海の商業圏をにぎっていた❸＿＿＿＿＿＿＿＿を破る

→イタリア半島以外の征服地を❹＿＿＿＿＿として支配

→北アフリカの❹では穀物生産がさかん，奴隷を使った大土地所有すすむ

(3) 中小農民の没落

《背景》長期の従軍による農地の荒廃，❹からの安い穀物の流入

・大量の無産市民が大都市に流入→彼らを私兵として用いる軍事政治家台頭

ここがポイント
どのような過程でローマは帝政になっただろうか。

② 帝政ローマ

(1) 帝政の成立(前1世紀末)

・❺＿＿＿＿＿＿＿…❷をおさえて権力をにぎるが，暗殺される

・❻＿＿＿＿＿＿＿…❺の養子。地中海世界を統一

→❼＿＿＿＿＿を樹立＝❻を皇帝とする事実上の帝政の開始

⇒❽＿＿＿＿＿…❶の最盛期(前1世紀末〜後2世紀末)

(2) 帝政ローマの繁栄

・街道や海路が整備。貨幣・度量衡・法律の統一→商業ネットワークの形成

・❾＿＿＿＿＿＿により，インド・中国・東南アジアから香辛料や絹がもたらされる

・❶の❿＿＿＿＿＿は帝国の全自由人に付与される(3世紀はじめ)

(3) 帝政ローマの混乱と再建

《背景》ゲルマン人やササン朝の侵入→軍事的負担の増大→増税で市民は没落

ここがポイント
帝政ローマの再建はどのようにはかられただろうか。

・ディオクレティアヌス帝…⓫＿＿＿＿＿＿＿＿を導入(3世紀末)

→❷の力を制限し，皇帝の権力が強化された強力な支配体制

・都を❶から⓬＿＿＿＿＿＿＿＿＿＿＿へ遷都

(4) 帝政ローマの衰退

・帝国は西ローマ帝国と東ローマ帝国に分裂(4世紀末)

・軍事費調達のための課税で貧困化した市民は都市から逃亡

→土地にしばられる小作人となり，奴隷のかわりに労働を担うように

問❶ ローマはどのように支配を拡大して
いったのだろうか。右の地図「ローマ支
配領域の拡大」(教 p.51図4)も見て、以
下の三つの段階に分けて説明しよう。

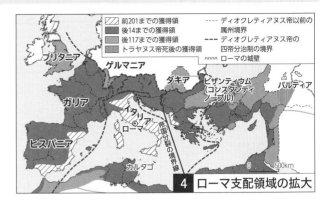

4 ローマ支配領域の拡大

前3世紀 初頭まで	
後1世紀 初頭まで	
2世紀初頭 まで	

問❷ ローマの政治体制はどのように変化しただろうか。

問❸ ポリュビオスがローマの国政の特徴ととらえた三つの要素とは何だろうか。下の史料「ポリュビ
オス『歴史』」(教 p.51)を見て説明しよう。

6 ポリュビオス『歴史』

……国政を支配していたのは三つの要素だった。……[ローマの]生え抜きの人の誰も全体として政体が貴族政なのか、
民主政なのか、君主政なのかを確信を持って述べることができなかった。……コンスルの権限に対して注目したとき
には、完全に君主政で、そして王政であるように見えた。元老院の権限に対して注目するときには、逆に貴族政であ
るように見えた。そして、またもし大衆の権限を誰かが考慮したならば、明らかに民主政であるように思われたので
ある。これらの要素が、それぞれの形で国政を支配していた。

(『世界史史料1』岩波書店)

6 キリスト教

学習課題

キリスト教はローマ帝国内でどのように展開していったのだろうか。

ここがポイント

キリスト教はどのようにして誕生しただろうか。

ここがポイント

キリスト教では，どのように教義がまとまっただろうか。

ここがポイント

ローマ＝カトリック教会と⓮はどのような関係だっただろうか。

1 キリスト教の誕生と発展

(1) キリスト教の誕生

《背景》ローマの支配に苦しむパレスチナのユダヤ人はメシアによる救済を期待

・❶_____…形式主義におちいっていた❷_____を批判し，神の王国が到来したという福音を説く→❷の指導者により❶はローマ帝国に対する反逆者として訴えられ，十字架にかけられる

・❶復活の信仰の教えを使徒❸_____や❹_____が広める

・❷の聖典である『ヘブライ語聖書』に加え，2世紀までには独自の聖典として『❺_____』も書かれる⇒❷からキリスト教が誕生

(2) ローマ帝国による迫害

・キリスト教はローマ帝国の都市の下層社会に広まり，各地に教会が建設

・キリスト教徒はローマの神々の祭りへの参加や，皇帝を神として崇拝することを拒否→反社会集団として迫害を受ける

(3) 国教化と教義の統一

《背景》はげしく迫害されるもキリスト教は信者数を増やし，上層階級にも浸透

・キリスト教はローマ帝国の国教に（4世紀末）

・公会議で❻_____派の教義を正統とする（→のちに❼_____となる）→❻派以外の教義は異端とされる

→❽_____派はゲルマン人に広まり，「❾_____派」はササン朝を経て❿_____に伝わる

⇒キリスト教はギリシア・ローマの古典とともに，ヨーロッパ文明の思想的基盤となる

2 ローマ＝カトリック教会の発展

(1) ローマ＝カトリック教会の権威の高まり

・ローマ帝国領に進出してきたゲルマン人への布教をすすめ，権威を高める

→長は⓫_____とよばれるようになる

・教会とともに各地に⓬_____を建立→混乱する社会で農民たちの信仰を集め，ローマ＝カトリック教会と⓫の権力基盤となる

(2) 東西教会の分離

《背景》❶などの聖像に対する崇拝をめぐる論争

・ビザンツ皇帝は⓭_____をだす→ゲルマン人への布教に聖像を用いていたローマ＝カトリック教会と対立（8世紀）⇒ローマ＝カトリック教会と⓮_____（ギリシア正教会）は11世紀に分離

問いのステップにチャレンジ

問❶ キリスト教は当初，ローマ帝国内でどのようにみなされていたのだろうか。

(1) 下の史料「ネロによるキリスト教徒迫害」(教 p.55)について，ネロはなぜローマの大火の責任を
キリスト教徒になすりつけたのだろうか。それについて説明した下の文章中の空欄に，史料から，
当てはまる部分を抜きだそう。

📖3 ネロによるキリスト教徒迫害

……民衆は「ネロが大火を命じた」と信じて疑わなかった。そこでネロは，この風評をもみけそうとして，身代わり
の被告をこしらえ，……罰を加える。それは，日頃から忌まわしい行為で世人から恨み憎まれ，「クリストゥス信奉
者」と呼ばれていた者たちである。
　……まず，信仰を告白していた者が審問され，ついでその者らの情報に基づき，実におびただしい人が，放火の罪
というよりむしろ人類敵視の罪と結びつけられたのである。彼らは殺されるとき，なぶりものにされた。すなわち，
野獣の毛皮をかぶされ，犬に嚙み裂かれて倒れる。[あるいは十字架に縛りつけられ，あるいは燃えやすく仕組まれ，]
そして日が落ちてから夜の灯火代りに燃やされたのである。……　　(国原吉之助訳『世界古典文学全集22 タキトゥス』筑摩書房)

キリスト教は，（　　　　　　　　　　　　　　　　　　　　　　　　　　　　　　　　　）ていたため。

(2) 史料もふまえ，**問❶**への解答をまとめよう。

（空欄）

問❷ ローマ＝カトリック教会はどのように権威を高めたのだろうか。

（空欄）

問❸ 教会はなぜ東西に分離したのだろうか。

（空欄）

第1節 ◀考察を深める問い▶　あなたは，西アジアと地中海の諸国家がどのように連関しあって展開し
ていったと考えるだろうか。

（空欄）

7　仏教の成立とヒンドゥー教

❓ 節の問い
南アジアではどのような宗教が生まれたのだろうか。

1　バラモン教とカースト制度

(1)　インダス文明の衰退後

・❶＿＿＿＿＿＿＿＿＿＿の侵入…インド北西部

　　→ガンジス川流域に進出(前1000年ころ)→先住民を征服

(2)　階層の分化…４つの❷＿＿＿＿＿＿＿＿(身分)が生まれる

・❸＿＿＿＿＿＿＿＿(司祭者)

・❹＿＿＿＿＿＿＿＿(王侯・武士)

・❺＿＿＿＿＿＿＿＿(農牧民・商人)

・❻＿＿＿＿＿＿＿＿(隷属的奉仕身分)

・不可触民(隷属民)

　⇒のちの❼＿＿＿＿＿＿＿＿制度の枠組み

(3)　❸教…❸が複雑な祭祀を独占して自らの権威高める

　　→神々への賛歌や儀礼を記したヴェーダを聖典とする(『リグ＝ヴェーダ』)

ここがポイント
❸は自らの地位をどのように確立させたのだろうか。

2　仏教のおこりと広まり

(1)　仏教の成立

・❽＿＿＿＿＿＿＿＿＿＿＿＿が創始(前６世紀ころ)

　　→❷にもとづく身分秩序と❸の権威を否定

(2)　周辺地域への伝播

・マウリヤ朝の❾＿＿＿＿＿＿＿＿＿が全インド統一(前３世紀)

　　→仏教を国家の基礎に

・クシャーナ朝の❿＿＿＿＿＿＿＿も仏教を保護(２世紀)

・⓫＿＿＿＿＿＿＿＿(紀元前後に誕生)…すべての人々の救済を説く

　　→⓬＿＿＿＿＿＿＿＿美術とともに，内陸アジア～中国・朝鮮半島

　　～日本へ伝播

・上座仏教…⓫成立以前からの仏教の一派

　　→セイロン(スリランカ)～東南アジアへ伝播

ここがポイント
仏教が多くの人々に信仰された理由はどこにあるだろうか。

3　ヒンドゥー教とカースト制度

(1)　❸教の変容

・各地の信仰や慣習を吸収しながらヒンドゥー教へと変容

　　…⓭＿＿＿＿＿＿＿＿・ヴィシュヌ神などを信仰する多神教

　　→❷ごとの義務や社会規範を定めた『⓮＿＿＿＿＿＿＿＿』が編纂される

(2)　❼社会の形成…分業と世襲にもとづく自給自足的な経済

　　→❷とジャーティ(職業・結婚・食事などを同じくする集団)

ここがポイント
ヒンドゥー教はインドの社会にどのように根づいていったのだろうか。

問❶ ヴァルナとはどのようなものだろうか。

(1) 下の史料「ヴァルナの義務」(教 p.56)を読み，空欄に当てはまる語を答えよう。

📖② **ヴァルナの義務**(『マヌ法典』)

[絶対者ブラフマンは] ……口，腕，腿および足から，(a)，(b)，(c)，(d)を創出し……職業を割り当てた。
(a)には[ヴェーダの]教授と学習，……祭式執行，布施と受施……を割り当てた。
(b)には人民の守護，布施……，祭式を行うこと，[ヴェーダの]学習，および感官の対象に執着しないことを指示した。
(c)には家畜の飼育，布施……，祭式を行うこと，[ヴェーダの]学習，商業，金貸し業，および農業[を定めた]。
…… (d)に対し，これらの[上位三]ヴァルナに不平を言わずに奉仕するという唯一の行為のみを命じた。
……

(『世界史史料2』岩波書店)

a ( ) b ( )

c ( ) d ( )

(2) (1)で確認したこともふまえ，**問❶**への解答をまとめよう。

問❷ 仏教はどのように広まったのだろうか。右の地図に大乗仏教と上座仏教の伝播経路をそれぞれ記入しよう。なお，「仏教の伝播」(教 p.57図5)を参考にしてもよい。

大乗仏教：➡

上座仏教：--➡

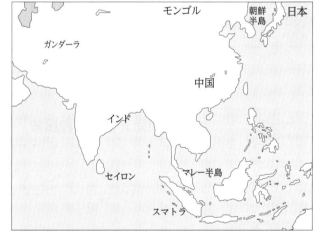

問❸ ヒンドゥー教にはどのような特徴があるだろうか。

第2節 ⟨考察を深める問い⟩ あなたは，南アジアでヒンドゥー教が定着したもっとも大きな要因は何だと考えるだろうか。

8 南アジア諸国家の展開／東南アジア諸国家の展開

❓節の問い
ほかの地域と比べて,南アジアや東南アジアの国家形成にはどのような特徴があるだろうか。

学習課題
南アジアでは政治的に分裂をくり返しながらもヒンドゥー教が生きのびたのはなぜだろうか。

ここがポイント
なぜ仏教はインドで衰退したのだろうか。

ここがポイント
イスラームに改宗したのはどのような人々だっただろうか。

学習課題
東南アジア諸国ではどのようにヒンドゥー教や仏教が根づいたのだろうか。

ここがポイント
大陸部で信仰された宗教はどの地域の影響を受けたものだろうか。

ここがポイント
東南アジアの島々で信仰された宗教は大陸部とどのようなちがいがあるだろうか。

1 仏教の衰退／南アジアのヒンドゥー諸国家

(1) 仏教の衰退

→都市の王侯・商人たちが仏教を支える(貨幣を用いた活発な経済活動)

→❶＿＿＿＿＿＿・❷＿＿＿＿

　の王国(北インド)でも仏教保護⇒やがて支持者を失い衰退

→南インドでおこったヒンドゥー教の改革運動(❸＿＿＿＿＿＿＿＿)

　(7世紀ころ)が北インドにも拡大⇒ヒンドゥー教が仏教を吸収

(2) ヒンドゥー諸国家

・北インド…ラージプート時代＝ヒンドゥー王国分立の時代(7〜13世紀)

・南インド…❹＿＿＿＿＿＿＿(11世紀)

　→最盛期にはインド洋交易の利を独占,中国とも交易

　→❹の衰退後→❺＿＿＿＿＿＿＿成立(14世紀)

2 イスラームの進出

(1) イスラーム勢力の侵入…ガズナ朝の成立→イスラーム勢力の侵入本格化

・13世紀以降…北インドはイスラーム王朝(❻＿＿＿＿＿＿＿)

　が支配,南インドでは❺がイスラームの進出に対抗

・イスラームの支配者は徴税のかわりにヒンドゥー教徒の信仰を認める

　→都市の下層カーストでイスラームへの改宗者増加

・イスラームの伝播→イスラーム❼＿＿＿＿＿＿＿が❸と呼応

3 東南アジアの原風景／陸の東南アジア

《中国やインドとの交流》→内陸国家や❽＿＿＿＿＿＿＿が成立

・1〜2世紀…扶南(メコン川デルタ),チャンパー(林邑)(ベトナム中部)

・6世紀…❾＿＿＿＿(カンボジア):ヒンドゥー教・大乗仏教が伝播

　→❿＿＿＿＿＿＿＿など建立

・11世紀…⓫＿＿＿＿＿＿(ビルマ):上座仏教を受容

・11世紀初頭…李朝(ベトナム北部):中国をモデル,儒教・道教・大乗仏教

4 島の東南アジア

・7世紀…⓬＿＿＿＿＿＿＿王国(スマトラ島)

　→海上交易で繁栄,唐僧⓭＿＿＿＿＿が滞在

・シャイレンドラ朝(ジャワ島)→ボロブドゥール建造

・13世紀末…⓮＿＿＿＿＿＿＿王国→東南アジア全域に影響力

・イスラームの拡大…8世紀以降,ムスリム商人が東南アジア・中国へ

　→イスラーム国家の成立(⓯＿＿＿＿＿＿＿王国,マタラム王国など)

問いのステップにチャレンジ

問❶ 史料3「玄奘の嘆き」(教 p.59) より，玄奘は何を嘆いているのだろうか。

問❷ 仏教はなぜ衰退したのだろうか。仏教を支持していた人々に着目しながら説明しよう。

問❸ 仏教が衰えたのち，南アジアではどのような宗教が主流となったのだろうか。

- -

問❶ 紀元前後の東南アジアはどのような状況だっただろうか。他地域との交流に着目しながら説明しよう。

問❷ 史料2「扶南の『建国』説話」(教 p.60) の混塡(バラモン僧)は扶南に何をもたらしただろうか。

問❸ 東南アジアの島々で生まれた国家にはどのような特徴があっただろうか。宗教に着目して説明しよう。

第3節 ◤考察を深める問い▶ 南アジアと東南アジアでは，仏教とヒンドゥー教はどのような展開のちがいをみせたのだろうか。

9 遊牧国家と秦漢帝国

❓節の問い
遊牧国家の動向は中国の歴史展開にどのような影響をあたえただろうか。

学習課題
秦・漢時代の中国に匈奴はどのようにかかわっただろうか。

ここがポイント
遊牧民とオアシス民の関係はどのようなものだっただろうか。

ここがポイント
なぜ秦の支配は短期間で崩れてしまったのだろうか。

ここがポイント
漢と❸の関係はどのように推移したのだろうか。

1 遊牧国家・匈奴

《騎馬技術》(前9〜前8世紀以降)→中央ユーラシアの遊牧民に広く伝播

→軍事力・機動力が強化された騎馬軍団は周辺勢力の脅威に

・遊牧国家…遊牧民とオアシス民の共生関係にもとづく連合体

→オアシス民：遊牧民の庇護のもとに❶＿＿＿＿＿＿＿＿の長距離交易の安全確保

遊牧民：オアシス民から物資を調達

・❷＿＿＿＿＿＿…イラン系，南ロシアの草原地帯で強大化

・❸＿＿＿＿＿…モンゴル高原を中心に強大化(前3世紀ころ)

→❹＿＿＿＿＿＿のもとで強大化(前2世紀)

→モンゴル高原〜タリム盆地のオアシス地域にまで支配

→❸集団を中核として多くの遊牧集団とオアシス地域が従属する国家体制

⇒のちの遊牧国家へ継承

2 秦の統一

(1) 秦の❺＿＿＿＿＿＿(秦王政)による天下統一(前221)

・天下に唯一の皇帝の称号を創始

・文字・度量衡・車軌の統一

・❻＿＿＿＿＿以外の思想や農業・医術・占卜以外の書物を禁止

(2) 秦の領域

・❼＿＿＿＿＿による統治…郡とその下の県とに中央から長官を派遣

・❽＿＿＿＿＿の修復(❸への対抗策)

・南方に遠征(❾＿＿＿＿＿など設置)

→急進的な政策に不満をもつ人々の反乱⇒前206年に滅亡

⇒農民出身の❿＿＿＿＿が台頭し漢(前漢)を建国(前202)

3 漢帝国と匈奴

(1) 成立直後の漢…❸に大敗

→漢は多額の貢納や兄弟関係の締結などを条件に和睦⇒❸の属国に

(2) ⓫＿＿＿＿＿の時代…対❸政策の転換→❸をモンゴル高原に駆逐

→⓬＿＿＿＿＿を西域に派遣

…オアシス諸国や❶の情報がはじめてもたらされる

→東西交易の利を求めてオアシス地域への進出はかる

→❸を退けてオアシス諸国と通交結ぶ→漢と❸は共存関係へ

⇒オアシス地域をめぐる中国王朝と遊牧国家の抗争はくり返されていく

問❶ 遊牧国家はどのようにして形成されたのだろうか。オアシス民との関係にも着目しながら説明しよう。

問❷ 漢と匈奴の関係はどのように展開しただろうか。漢の皇帝の政策に着目して説明しよう。

問❸ 史料6「匈奴と漢の価値観のちがい」（教 p.63）によれば，遊牧民やその社会の特徴は，漢とどのようなちがいがあっただろうか。史料を参考に，①人々の生活様式・②政治や支配のしくみ・③家族のあり方の三つに分けて整理しよう。

6 匈奴と漢の価値観のちがい（『史記』）

漢使「匈奴の父子は同じテントで寝る。父が死ねばその後妻を娶り，兄弟が死ねばその妻を妻とする。冠や帯の飾りもなく，宮廷の儀礼もない」
中行説❶「匈奴の風俗では，人は家畜の肉を食べ，その乳を飲み，その皮を着る。家畜は草を食べ水を飲むので時に従って移動する。故に戦時には人は騎射を習い，平時には無事を楽しむ。その規範は少なく，実行しやすい。君臣間の関係も単純で，一国の政治は一身を治めるようなものだ。父や息子，兄弟が死んだときにその妻を妻とするのは，血筋が絶えることを避けるためだ。故に匈奴は，国が乱れても必ず後をつぐ子孫がいる。……」。
❶前漢前期の宦官で，匈奴の政治・軍事顧問として活躍した

①人々の生活様式	
②政治や支配のしくみ	
③家族のあり方	

MEMO

10 漢の政治・社会と東部ユーラシア

学習課題

漢と東部ユーラシアの諸勢力との関係はどのように推移しただろうか。

ここがポイント

周辺国はなぜ漢の臣下となることを受け入れたのだろうか。

ここがポイント

武帝の死後に権力争いがおきたのはなぜだろうか。

ここがポイント

後漢の政治を支えていたのはどのような人々だっただろうか。

① 漢の外交

(1)　武帝の対外政策

・西方…河西地方に❶　　　　　　　郡など設置

・東方…衛氏朝鮮を滅ぼし❷　　　　　　　郡など設置

・南方…南越を滅ぼし南海郡など設置，ベトナム中部まで支配

(2)　東部ユーラシアの動向

・朝鮮半島…北部：ツングース系の❸　　　　　　　　が強大化

　　　　　　南部：❹　　　　　・❺　　　　　　・加羅(伽耶)諸国の台頭(4世紀以降)

・日本列島(=❻　　　　　)…小国の分立状態(前1世紀)

(3)　中国王朝の外交政策…中国王朝と周辺勢力との名目上の君臣関係

→皇帝が周辺国の君主に肩書をあたえ支配権を承認(=❼　　　　　　　　)

→❼を受けた側は貢ぎ物を贈る義務(=❽　　　　　　)

⇒実質的に対等以上であった中央ユーラシアの遊牧帝国にとっては無意味

② 漢代の政治と社会

・❾　　　　　　　　　…封建制と郡県制を併用

　→諸侯の勢力を削減⇒武帝のころには中央集権化はたす(実質的な郡県制)

・武帝の対外遠征←多額の軍事費や物資が必要に

　→❿　　　　・鉄・酒の専売

　→⓫　　　　　　(輸送改革)・⓬　　　　　　(首都圏の物価調整)実施

・社会不安の増大(武帝死後)

《地方》…農民が困窮，大規模な農地経営をおこなう豪族が台頭

《中央》…宦官・⓭　　　　　　(=皇后の一族)の政治介入

⇒⓭の⓮　　　　　　が帝位を簒奪し，新を建国(後8)

　⇒周代を理想とする儒家思想にもとづく政治←反乱が相次ぐ

・後漢建国…豪族の支持を得て劉秀(=⓯　　　　　　　)が漢を再興

　→軍事力を有する豪族…地域社会に大きな影響力

⇒地方長官の推薦による⓰　　　　　　　　で中央政治にも進出

・後漢の政治…豪族や宦官・⓭の権力闘争がくり広げられる⇒社会不安増大

⇒⓱　　　　　　　　をきっかけに各地で豪族や武装勢力が自立

⇒後漢滅亡(220)

・中国王朝の支配体制の基盤…儒教(後漢のころに定着，以後の中国王朝を支える政治思想に)，皇帝を中心とする官僚支配(秦の始皇帝以来)

問いのステップにチャレンジ

問❶ 漢は，周辺勢力とどのような関係を結んだだろうか。

(1) 下の史料「中国正史にみる倭の記述」(教 p.65)を読み，空欄に当てはまる語を答えよう。

4 中国正史にみる倭の記述(『(Ａ)』❶東夷伝)

> 建武中元二年❷，倭の(Ｂ)，奉貢朝賀す。使人自ら大夫❸と称す。倭国の極南界なり。(Ｃ)，賜ふに印綬❹を以てす。
> 安帝の永初元年❺，倭の国王帥升等，生口❻百六十人を献じ，請見を願ふ。
> 桓・霊❼の間，倭国大いに乱れ，更々相攻伐し，歴年主無し。

❶5世紀に南朝の宋で編纂された歴史書　❷後57年　❸中国の官名　❹印章とそれを身につける組みひも
❺後107年　❻奴隷・捕虜などと考えられる　❼桓帝・霊帝の時代，2世紀後半

A (　　　　　　　　　)　B (　　　　　　　　　)　C (　　　　　　　　　)

(2) (1)で確認したこともふまえ，①中国から周辺国に対しておこなわれたこと，②周辺国から中国に対しておこなわれたことをそれぞれ説明しよう。

①中国から周辺国	
②周辺国から中国	

問❷ 武帝の時代の対外政策は何に支えられていただろうか。経済面に着目して説明しよう。

問❸ 漢の政治や社会を担っていたのはどのような人々だっただろうか。

(1) 右の写真(教 p.64図2)を見て，これについて説明した
次の文章の空欄に当てはまる語を答えよう。

高い楼閣をもち，塀をめぐらせた広い邸宅のなかで
(　　　　　　)が酒を酌み交わしている。

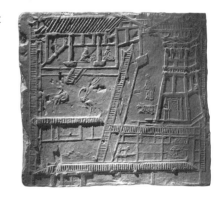

(2) (1)もふまえ，**問❸**への解答をまとめよう。

MEMO

11 東部ユーラシアの民族移動

ここがポイント
遊牧民集団が華北に流入
したのはなぜだろうか。

ここがポイント
東部ユーラシアにおける
民族移動は他地域にどの
ような影響をあたえたの
だろうか。

ここがポイント
華北と江南の社会には，
それぞれどのような特徴
があるだろうか。

1 東部ユーラシアの民族移動

(1) 遊牧民の大規模な移動　《背景》…気候の寒冷化（2世紀ころ〜）

・❶_____…南北に分裂（1世紀なかば）→南❶は後漢に服属

・❷_____の台頭…モンゴル高原

　　⇒以後，さまざまな遊牧民集団が華北に流入

(2) 後漢滅亡後の中国

・魏・呉・蜀による三国時代を経て❸_____（西晋）による中国統一

　→❸で大規模な内乱がおこると遊牧民集団の流入が加速

　⇒内乱に乗じて自立した❶が❸を滅ぼす（316）

・❹_____（＝❶・❷・羯・氐・羌など）による国家が華北で興亡

　⇒❺_____時代へ

(3) 中国の南北分裂…境界は秦嶺山脈と淮河

・華北…❷の拓跋氏が❻_____を建国（386）

　→❷系集団による王朝がつづく（＝北朝）

・江南…❸が再興（東晋）→華北から漢人が多数移住

　→漢人による王朝交替がつづく（＝南朝）

(4) 草原地帯の動向

・北❶の一派が西方へ移動→フン人がユーラシア西方に出現（4世紀後半）

　⇒ヨーロッパで❼_____の大移動がおこる

・モンゴル高原…❽_____が台頭し❻と対立（5世紀）

　　　　　高原西部ではトルコ系の❾_____が❽に対抗

・オアシス地域…❿_____の強大化

2 中華の再編

(1) 中華の再編　《⓫_____時代》…後漢滅亡後の分裂時代

・華北…❻は当初は遊牧民本来の習俗を維持，遊牧民と農耕民に異なる支配

　→洛陽に遷都⇒❷本来の言語や服装を禁じる⓬_____政策実施

　→辺境に配備された軍の反乱⇒❻は東西に分裂

・江南…農業開発すすむ，華北の文化もたらされる

(2) 文化・宗教

・貴族が支配層形成，江南では貴族による⓭_____が開花

・仏教…多民族の統合をすすめる皇帝の権威づけに利用される

　→華北では王朝の保護のもと大規模な石窟寺院造営（⓮_____，竜門）

・⓯_____…民間信仰や道家思想をもとに成立

問❶ 新たに中国に流入したのはどのような集団だっただろうか。

(1) 右の図（教 p.67図 5 ）を見て，空欄に当てはまる語を答え
よう。

<オアシス地域>　　　　　　　　　　　　　　エフタル
<モンゴル高原>　　　　　　　　　　　　　　　高車
　A　　　　　柔然
<中国>　　　　　　　　　　　　　　　　　華北統一
　魏　　　　　B　十六国　北魏　　　北朝
　(220～265)　(304～439)　(386～534)　(439)
西晋
　蜀　　　　(265～316)
　(221～263)　　　　　　　　　　　　　　南朝
　呉　　　　　東晋　　　　　　　宋　　斉
　(222～280)　(317～420)　　　(420～479)(479～502)
　　　　　　　300　　　　　　400

　　　　　　A（　　　　　　　） B（　　　　　　　）

(2) (1)で解答した語も使用しながら，**問❶**への解答をまとめよう。

（枠）

問❷ 多民族社会の形成によって中国はどのように変化しただろうか。華北と江南の社会の共通点や相
違点に着目しながら説明しよう。

（枠）

問❸ 史料6「訶羅陁国から南朝・宋への上表文」(教 p.67)によれば，東部ユーラシアにおいて仏教は
どのような意味をもっていただろうか。

(1) 史料中の波線部の語が意味するものを漢字 2 字で答えよう。　　　　　　　　　（　　　　　　　）

6 訶羅陁国❶から南朝・宋への上表文（『宋書』，430 年）

伏して承りますに，聖主は三宝❷を信じ重んじ，建立した寺院仏塔は，あまねく国界に満ちております。城郭は荘厳
で，清浄で穢れもなく，道は四方に通じ，広大で平坦です。……［仏教を］学ぶものが集まり，三乗❸は競って修行
し，正法❹を布教すること，雲が広がり雨が［国土を］潤すのごとくです。……大宋の揚都❺におわす聖王に並ぶも
のはなく，優れた国に君臨していらっしゃいます。大慈悲を持ち，万物を子どものように慈しみ育て，平等忍辱にし
て，敵味方なく接しておいでです。
❶東南アジアの国，正確な位置は不明　❷仏・法・僧　❸悟りへの道　❹正しい教え　❺宋の都である建康

（河上麻由子著『古代日中関係史』中央公論新社）

(2) (1)もふまえ，**問❸**への解答をまとめよう。

（枠）

第 4 節 〔考察を深める問い〕 諸民族の移動によって東部ユーラシアの諸地域はどのように変化しただ
ろうか。

（枠）

12 隋唐帝国の成立と諸制度

❓節の問い
唐代の東部ユーラシアの諸地域はどのように結びついていただろうか。

学習課題
唐帝国の特徴はどのようなものだっただろうか。

ここがポイント
大運河はどのように活用されたのだろうか。

1 突厥の台頭

《6世紀なかば》…突厥が柔然を打倒しモンゴル高原の覇者に

→ユーラシアの東西にまたがる遊牧帝国

→《南方》…北朝に対して優位，《西方》…エフタルを滅ぼしオアシス地域を支配下に，ビザンツ帝国とも通交

⇒❶＿＿＿＿＿＿＿＿人の交易活動拡大，ユーラシア規模の交通網形成

2 隋・唐帝国の成立

(1) 中国の南北統一(6世紀末)…❷＿＿＿＿の文帝

・大運河の建設…分裂時代に開発がすすんでいた江南と華北を結ぶ

・❸＿＿＿＿＿＿＿…支配地域を州や県に再編成し中央集権化をはかる

・❹＿＿＿＿＿(官僚登用試験)創始，門閥貴族の力をおさえる目的

・❷の影響力…西域やベトナムにもおよぶ→突厥を分裂させ優位に

→2代皇帝❺＿＿＿＿＿の高句麗遠征失敗⇒各地で反乱発生，滅亡

(2) ❻＿＿＿＿の成立

→2代皇帝❼＿＿＿＿＿(李世民)が中国を再統一，東突厥を打倒

《拓跋国家》…北朝から❷・❻は鮮卑拓跋氏の流れをくむ

⇒東部ユーラシアの農耕地帯と草原地帯は鮮卑に統合される

3 世界帝国・唐

・騎馬軍団の編成＝❻の軍事力の主力，❻の勢力拡大支える

・❻の領域…モンゴル高原〜ソグディアナ〜朝鮮半島北部〜北部ベトナム

→征服地の首長に統治を委ねる「間接統治」(❽＿＿＿＿＿＿が監督)

⇒多民族・多文化を内包する世界帝国へ

4 唐の諸制度

(1) ❾＿＿＿＿＿にもとづく支配体制…❷の制度を継承

・中央…❿＿＿＿＿＿と六部

・地方…❸による統治

・⓫＿＿＿＿＿＿(戸籍を整備し農民に一定の土地を支給)

→税・労役(⓬＿＿＿＿＿＿)や兵役(⓭＿＿＿＿＿＿＿)を課す

(2) 社会の変容…7世紀末以降，❾による支配体制が大きくゆらぐ

・民衆の逃亡＋富裕層による大土地所有の横行

→⓭にかわり傭兵の使用(8世紀)

→⓮＿＿＿＿＿＿の実施(780)…実際の土地や財産に応じて課税

→❾で定められていない臨時の官職を常設(⓯＿＿＿＿＿＿＿＿など)

問❶ 隋の政策にはどのような特徴があっただろうか。

問❷ 史料5「太宗と遊牧集団」(教 p.69)より，唐にとって遊牧民はどのような存在だっただろうか。

(1) 史料を読み，「天可汗」とはどのような意味をもつ尊号か考えよう。

5 太宗と遊牧集団(『唐会要(とうかいよう)』)

諸蕃(しょばん)[遊牧集団]の君長たちは太宗に天可汗(てんかがん)という尊号を称(しょう)するように請願(せいがん)した。太宗は「我は大唐(だいとう)の天子(てんし)であり，さらに天可汗のつとめをはたそう」と言った。こののちに[太宗が]璽書(じしょ)❶を西方や北方の君長たちに下す際には，みな[自らを]「皇帝天可汗」と称していた。諸蕃の君長で死亡したものがいれば，必ず詔を下してその後継者(こうけいしゃ)を正式に承認した。[太宗が]四夷(しい)❷を統べるのは，このときからである。
❶皇帝の詔書　❷周辺の諸民族

(2) 唐の太宗が「天可汗」の尊号を得たことは，東部ユーラシアの歴史においてどのような意味をもつだろう。

問❸ 唐の制度にはどのような特徴があっただろうか。

(1) 右の図(教 p.69図6)を見て，空欄に当てはまる語を答えよう。

A(　　　　　　　) B(　　　　　　　)
C(　　　　　　　) D(　　　　　　　)

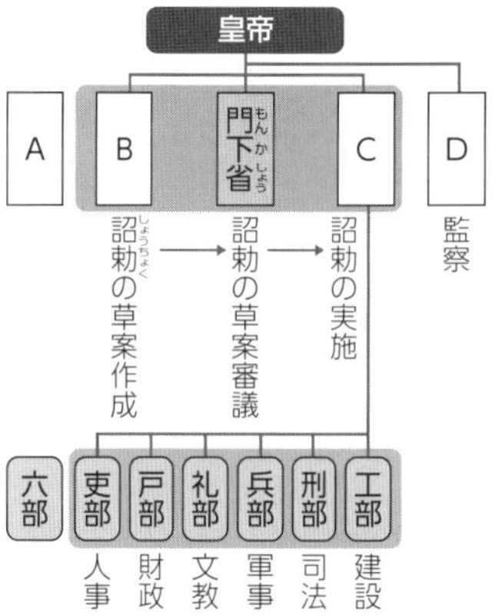

(2) (1)で答えた語も一部使用し，唐の統治体制について説明しよう。

(3) 唐が定めた農民の支配体制とその推移について説明しよう。

皇帝

| A | B | 門下省(もんかしょう) | C | D |

詔勅(しょうちょく)の草案作成 → 詔勅の草案審議 → 詔勅の実施　　監察

六部
吏部　戸部　礼部　兵部　刑部　工部
人事　財政　文教　軍事　司法　建設

13 国際化する東部ユーラシア／東部ユーラシアの変動

学習課題
唐は周辺勢力にどのような影響をあたえただろうか。

1 唐の国際関係

・隋の成立←高句麗・新羅・百済が冊封受ける←日本も❶＿＿＿＿＿＿＿＿を派遣

・新羅…唐と結んで百済・高句麗を滅ぼし，朝鮮半島統一

　⇔日本は百済復興を支援するも敗北⇒❷＿＿＿＿＿＿＿を派遣し唐と通交

・❸＿＿＿＿＿＿＿…高句麗滅亡後の朝鮮半島北部に成立（唐の冊封受ける）

⇒律令や儒教，仏教，漢字，都城モデルなどを共有する文化圏の形成

・突厥・❹＿＿＿＿＿＿＿（トルコ系）・❺＿＿＿＿＿＿＿王国（チベット高原）

　⇒唐と対等以上の関係。間接的な支配や婚姻・交易関係を使い分ける

ここがポイント
周辺国が受容した唐の制度や文化はどのようなものだろうか。

2 シルクロードと国際都市・長安／唐帝国の縮小

・❻＿＿＿＿＿＿＿人…シルクロード陸路の交通・交易で活躍

・❼＿＿＿＿＿＿＿商人…広州などに来航，海上交易に従事

・文化・文物の交流…音楽・服飾・舞踊・食文化・宗教などの伝播

　→首都❽＿＿＿＿＿から近隣諸国へももたらされる（日本の唐物ブーム）

・突厥の強大化（モンゴル高原）…❾＿＿＿＿＿＿＿の使用←❹が打倒

　→❺のオアシス地域への進出，イスラーム勢力のソグディアナ侵攻

　⇒唐は❿＿＿＿＿＿＿を設置し後退する領域を防衛

ここがポイント
シルクロードを通じてどのような文化や文物がもたらされたのだろうか。

3 安史の乱と唐帝国の変容

《安史の乱》（755）…皇帝⓫＿＿＿＿＿＿＿の治世

・❿の⓬＿＿＿＿＿＿＿が挙兵→❹の援軍で鎮圧→❿を全土に設置

　⇒唐の実効支配がおよぶ地域が大幅に縮小⇒唐・❹・❺の鼎立状態に

学習課題
安史の乱以降，東部ユーラシアの情勢はどのように変化しただろうか。

4 陸と海の変動／唐の滅亡

(1)　❹の崩壊・❺の瓦解（9世紀なかば）⇒民族集団の流動化

　・トルコ系遊牧民（❹など）…河西地域やタリム盆地のオアシス社会に定住

　　⇒この地域の⓭＿＿＿＿＿＿＿化はじまる

　　　同時にイスラームの拡大（⓮＿＿＿＿＿＿＿朝など誕生）

(2)　新羅商人の交易活動…中国沿岸部〜日本

　・海上商人が東シナ海の交通・交易を担う（❷の重要性失われる）

　・南シナ海海域には❼商人が進出

(3)　唐の滅亡…安史の乱以降，唐は実質的に⓯＿＿＿＿＿＿＿の連合体に

　→反抗的な⓯への対策，宦官と官僚の政争に追われる

　→財政再建をはかる（両税法への転換，塩と茶の専売実施）

　→⓰＿＿＿＿＿＿＿…塩の密売人による大反乱→江南に大打撃

　→諸⓯の自立⇒唐は❿の一人により滅ぼされる（907）

ここがポイント
❿にはどのような権限があたえられていたのだろうか。

ここがポイント
中央ユーラシアのオアシス社会はどのように変容していったのだろうか。

問❶ 唐の国際関係にはどのような特徴があっただろうか。教科書 p.71の地図 5「唐代の国際関係」も参考にして説明しよう。

問❷ 唐代の交易や文化交流を担ったのはどのような人々だっただろうか。

問❸ 唐の体制を動揺させた要因はどのようなものだっただろうか。

- -

問❶ 安史の乱によって唐はどのように変容しただろうか。国内と周辺地域に分けて説明しよう。

国内	
周辺地域	

問❷ 史料 2「唐と吐蕃の会盟」(教 p.74)によれば，会盟ではどのようなことが取り決められたのだろうか。

問❸ 唐滅亡にはどのような要因があっただろうか。

第5節 ◀ **考察を深める問い** ▶ 唐は東部ユーラシアの諸地域にとってどのような存在だっただろうか。

14 ラテン・カトリック圏

❓節の問い
キリスト教の広がりとイスラームの成立により，西アジアやヨーロッパではどのような国家が形成されただろうか。

学習課題
ラテン・カトリック圏はどのような独自性をもつようになっただろうか。

ここがポイント
ローマ教皇が❻に帝冠を授けたことは，どのような歴史的意義があるだろうか。

ここがポイント
❺の基盤となったのはどのような制度だろうか。

ここがポイント
皇帝と国王，皇帝と教皇はどのような関係だっただろうか。

1 ゲルマン人の移動とフランク王国

(1) ❶＿＿＿＿＿＿＿＿の移動（4世紀後半）

…スカンディナヴィア半島南部から北ドイツに原住→❷＿＿＿＿＿＿に圧迫され，❸＿＿＿＿＿＿内に侵入→❸皇帝の退位・❸の滅亡(476)

(2) ❹＿＿＿＿＿＿＿の台頭

・❶の国の一つ。王が❺＿＿＿＿＿＿に改宗，勢力を拡大

・イベリア半島から進出してきたイスラーム勢力を撃退(732)

・❻＿＿＿＿＿＿のとき，西ヨーロッパの大部分を支配

→ローマ教皇は❼＿＿＿＿＿＿に対抗できる❸の復活をめざし，❻に皇帝の冠を授ける(❻の戴冠，800)

⇒ローマ帝国の伝統・❺的価値観・ゲルマン的要素が融合する❽＿＿＿＿＿＿が出現

(3) ❻以降の西ヨーロッパ

…王国は三つの地域に分裂→東フランク王❾＿＿＿＿＿＿が教皇から帝冠を受ける＝❿＿＿＿＿＿の起源に(962)

・⓫＿＿＿＿＿＿やマジャール人が侵入→⓫は各地に王国建国

2 封建社会の成立

《背景》異民族の侵入や混乱により，交通の安全が保てず，貨幣経済衰退→商業・都市が衰退→土地を基盤とする農業と物々交換を主とする経済活動に依存

(1) 封建的主従関係(＝⓬＿＿＿＿＿＿)の形成

・有力者と主従契約を結び，土地(封土)を分けあたえてもらうかわりに，家臣として軍事的奉仕などの義務を負う

・貴族(国王・諸侯・騎士)はたがいに封建的主従関係を結び，臣下は主君に忠誠を誓う

(2) ⓭＿＿＿＿＿＿の形成

・不自由な身分の⓮＿＿＿＿＿＿が領主の直営地で賦役・貢納を負担

⇒⓬と⓭を基盤として，⓯＿＿＿＿＿＿が成立

3 皇帝・国王・教皇

・理念的にはローマ皇帝の継承者となった❿皇帝の優越をフランス・イギリスなどの国王は認めず

・教皇を保護する皇帝は，教会組織を利用してドイツ国内の諸侯を統治するため，聖職者の任命権(＝⓰＿＿＿＿＿＿)をにぎる

→⓰をめぐって皇帝と教皇は対立(11世紀後半)

問❶ フランク王国はどのように勢力を拡大したのだろうか。下の写真(教 p.76図4)のできごともふまえて説明しよう。

問❷ 西ヨーロッパ中世の封建制にはどのような特徴があるだろうか。

(1) 教科書 p.77の注①②を見て，以下の文章中の空欄に当てはまる語句を記入しよう。

・封建制は国によって構造にちがいがあった。王権の弱い国では，王の家臣であっても(A

)をもつ者もいた一方，王権の強い国では，(B

)。

・主従関係は(C   )的で，二人以上の主君に仕える臣下もいた。

(2) 教科書記述や(1)もふまえ，**問❶**への解答をまとめよう。

問❸ ラテン・カトリック圏で共通する要素は何だろうか。

(1) 右の写真(教 p.76図2)は，西ヨーロッパにラテン・カトリック圏が出現するきっかけとなったできごとを描いている。どのようなできごとか説明しよう。

(2) (1)をきっかけに出現したラテン・カトリック圏で共通する要素について説明しよう。

15 ギリシア正教圏

ここがポイント

ビザンツ帝国はどのくらいの期間つづいたのだろうか。

ここがポイント

❺はどのような宗教を受容しただろうか。

ここがポイント

ビザンツ文化の特徴はどのようなものだろうか。

1 ビザンツ帝国

(1)　都の❶＿＿＿＿＿＿＿＿＿＿＿＿の経済的繁栄

　・ゲルマン人の移動による深刻な打撃をまぬかれる

　　→黒海と地中海を結ぶ交通の要衝，東西交易の中心として繁栄

(2)　❷＿＿＿＿＿＿＿＿＿＿＿の時代(6世紀)

　・地中海世界の覇権を一時回復

　・『❸＿＿＿＿＿＿＿＿＿＿』を編纂…ローマ帝国の法を集大成

(3)　帝国の盛衰

　・農民に土地をあたえ，地方司令官が外敵侵入時に農民を徴発できる制度を
　　導入(7世紀)→ビザンツ帝国は勢力を回復(9〜11世紀はじめ)

　・世襲貴族化した司令官に土地管理を委ねる制度を導入→地方分権化すすむ

　・相次ぐ異民族の侵入により領土縮小がつづく(11世紀後半〜)

　・❹＿＿＿＿＿＿＿＿＿により❶が陥落→ビザンツ帝国滅亡(1453)

2 ギリシア正教圏の形成

《❺＿＿＿＿＿＿＿＿の移動》(6世紀ころ)

　…カルパティア山麓に原住

　→南，西，東の三つの集団に分かれて東ヨーロッパに移住

　・❻＿＿＿＿＿＿＿＿…ローマ＝カトリックを受容

　・❼＿＿＿＿＿＿＿＿…ビザンツ帝国と同じ❽＿＿＿＿＿＿＿
　　を受容

　　→バルカン半島に移住し，❹の影響下に入る(14世紀)

　・❾＿＿＿＿＿＿＿＿…❽を受容→ロシアに移住してビザンツ帝国を
　　模倣した専制君主政を築き，ビザンツ帝国滅亡後はその後継者を自認

3 ビザンツ文化とギリシア正教会の発展

・ビザンツ皇帝は❿＿＿＿＿＿＿＿＿＿＿を支配

　→政治と宗教両面の最高権力者に

・ビザンツ帝国の公用語は⓫＿＿＿＿＿＿＿＿であり，ギリシアの古典
　文化を受けつぎ，西アジアの文化も取りこんだ独自の文化を形成

・❿の伝道士らがスラヴ語を表記する文字を考案し，スラヴ語で活発に布教

　→ビザンツ文化と❽は，❼と❾に広まる

⇒二つのキリスト教世界の成立

　《東ヨーロッパ》…❶を中心とする⓬＿＿＿＿＿＿＿

　《西ヨーロッパ》…ローマを中心とする⓭

問いのステップにチャレンジ

問❶ ビザンツ帝国の歴史はどのように展開していっただろうか。下の地図「6世紀のビザンツ帝国」(教 p.79 図 3)を見て説明しよう。

3 6世紀のビザンツ帝国

問❷ 東ヨーロッパ世界はどのように形成されただろうか。

(1) 右の地図に記されたスラヴ人のうち，南スラヴ人に下線を引き，西スラヴ人を丸で囲もう。

(2) 以下の三つのスラヴ人の集団が受容したキリスト教の宗派をそれぞれ答えよう。

南スラヴ人(　　　　　　　　　　　　　　)

西スラヴ人(　　　　　　　　　　　　　　)

東スラヴ人(　　　　　　　　　　　　　　)

(3) (2)もふまえ，**問❷**への解答をまとめよう。

問❸ ギリシア正教会にはどのような特徴があるだろうか。

(1) ビザンツ帝国の皇帝との関係に注目して説明しよう。

(2) 右の写真(教 p.79 図 7)を見て説明しよう。

イスラームの誕生

学習課題

イスラームを基盤とした国家の特徴はどのようなものだっただろうか。

ここがポイント

❸はどのようなことを説いただろうか。

ここがポイント

❸の死後，誰がムスリムを指導しただろうか。

ここがポイント

❸と⓱の統治の仕方にはどのようなちがいがあるだろうか。

1 イスラームの成立

(1) アラビア半島

- ❶_____がラクダの遊牧やオアシスをつなぐ隊商貿易を営む

→多神教を信仰。商業都市❷_____のカーバ神殿は巡礼地

(2) ❸_____の活動（７世紀はじめ）

…❷の商人。神の啓示を受けて預言者となり，唯一神❹_____

への服従を説く→多神教や偶像崇拝を否定，神のもとの平等を主張

→❷の大商人から迫害され，❺_____に移住

＝❻_____（622）

→❺にムスリムの共同体（ウンマ）を形成

→❷を征服したのち，アラビア半島を統一（632）

2 アラブ・ムスリムの征服活動

(1) 異教徒に対する征服

- ❼_____…❸の死後，その後継者としてウンマを指導

→❽_____により版図拡大。征服地に軍営都市建設。住民から

❾_____（地租）と❿_____（人頭税）を徴収

(2) ⓫_____時代（632〜661）

- ムスリムの合意により❼を選出。４代目の⓬_____までつづく

(3) ⓭_____（661〜750）

- シリア総督⓮_____が❼を名乗り，開く

- 征服活動をすすめ東はインダス川流域，西はイベリア半島まで版図を拡大

3 イスラーム帝国の成立

(1) 宗派の分裂

- ⓯_____…⓬とその子孫のみをウンマの指導者と認める

- ⓰_____…⓬をふくむ歴代の❼を認める多数派

(2) ⓭の滅亡（750）

- 税制などで❶を優遇→❶以外のイスラーム改宗者の不満まねく

(3) ⓱_____の成立（750）

- ムスリム間の平等を実現→イラン人やトルコ人を官僚や⓲_____

_____（奴隷）軍人として登用

- 官僚制を整備，官僚や軍人に俸給を支給するアター制を実施

- 歴代の❼は，聖典『⓳_____』とハディースをもとに形づくられたシャリーア（イスラーム法）にもとづき統治⇒イスラーム帝国形成

問❶ ムハンマドが啓示を受けたころのメッカは，どのような状況だっただろうか。右の地図「7世紀初頭の西アジア」（教 p.80 図3）を見て説明しよう。

3 7世紀初頭の西アジア

問❷ ウマイヤ朝は被征服民をどのようにあつかっただろうか。

(1) 下の史料「メディナ憲章」（教 p.81）では，ユダヤ教徒についてどのように規定しているだろうか。簡単に説明しよう。

5 **メディナ憲章**(622年)

……慈悲ふかく慈愛あまねき神の名において。……

(18)ユダヤ教徒のなかでわれわれに従う者は，援助が与えられ，同等に扱われる。不当に扱われることも，彼らの敵に援助が与えられることもない。

(28)アウフ族のユダヤ教徒は，信者と同様，ひとつの集団をなす。ユダヤ教徒は彼らの宗教を，信徒は信徒の宗教を保持する。これは，彼らのマウラーと彼ら自身に適用される。ただし，悪をなす者，罪を犯す者は除く。そのような者は，自らと家族を破滅させる。

(『世界史史料2』岩波書店)

(2) (1)もふまえ，**問❷**への解答をまとめよう。

問❸ アッバース朝がイスラーム帝国とよばれるのはなぜだろうか。図6「イランにおけるイスラーム化の進展」（教 p.81）との関連をふまえながら考えてみよう。

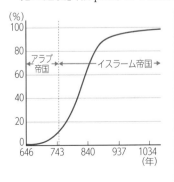

17 融合文明イスラーム

1 海域・内陸ネットワークの形成

(1)　国際ネットワークの形成

《背景》イスラーム世界の拡大→地中海交易圏とインド洋交易圏がつながる

- ・東は中国・東南アジア，西は地中海・アフリカに至るネットワークが形成
- ・ディナール金貨・ディルハム銀貨…遠隔地交易における共通貨幣に

(2)　交易ルートの変遷

- ・❶＿＿＿＿＿＿＿＿＿の衰退により，❶の都❷＿＿＿＿＿＿＿＿＿を経由するペルシア湾ルートから，❸＿＿＿＿＿＿＿やアレクサンドリアを経由する紅海ルートに重心が移動
- ・❸を都とした❹＿＿＿＿＿＿＿や❺＿＿＿＿＿＿＿＿＿は❻＿＿＿＿＿＿＿＿＿を保護→地中海とインド洋を結ぶ交易を担う

⇒イスラームによる海域・内陸ネットワークの形成は，❼＿＿＿＿＿＿＿によるユーラシア規模のネットワークの形成を準備する役割をはたす

2 都市の繁栄

(1)　❶の都❷の繁栄

…交易ネットワークの要。最盛期には人口100万人をこえる国際都市に

(2)　イスラーム諸都市の繁栄

《背景》ムスリムの平等を掲げるイスラームの理念→商業や社会参画の機会

- ・各都市に❽＿＿＿＿＿＿（礼拝堂）や❾＿＿＿＿＿＿（市場），❿＿＿＿＿＿＿（学院）が設置→都市は商業・学問・文化の中心に
- ・神との一体感を求める神秘主義（＝⓫＿＿＿＿＿＿＿＿＿）の信仰も都市から広まる

3 イスラーム文明

(1)　文化の多様性

- ・『⓬＿＿＿＿＿＿＿＿＿』の言葉であるアラビア語を核とするが，各地域固有の風土や文化と融合した多様な文化が生みだされる

→『⓭＿＿＿＿＿＿＿（アラビアン＝ナイト）』は各地の説話を収集

(2)　学問の発達

- ・⓬にもとづいた神学・法学，歴史学，アラビア語の言語学などが発達
- ・⓮＿＿＿＿＿＿＿＿＿（知識人）は，シャリーア（イスラーム法）を体系化
- ・❷ではギリシア語文献をアラビア語に組織的に翻訳→医学・天文学・哲学・幾何学など外来の学問も発展→イベリア半島やイタリアを経由して西ヨーロッパ世界に伝播し，⓯＿＿＿＿＿＿＿＿＿をもたらす

問❶ 海域・内陸のネットワークが長期にわたって維持されたのはなぜだろうか。

(1) アッバース朝時代の海域・内陸ネットワークの様相について簡単に説明しよう。

(2) アッバース朝衰退後も海域・内陸のネットワークが長期にわたって維持されたのはなぜだろうか。

問❷ イスラーム世界において，都市はどのような役割をはたしただろうか。

問❸ 史料8「ジャーヒズの翻訳論」(教 p.83)から読み取れるイスラーム文明の特徴とは，どのような ものだろうか。

8 ジャーヒズの翻訳論(『動物誌』, 9 世紀)

インドの書物はアラビア語に移され，ギリシア人の格言やペルシア人の礼儀作法もまた翻訳された。その結果, いっそう美しさを増した場合もあれば，途中で何一つ喪失しなかった場合もある。だが，アラブの叡智が翻訳されると, 韻律という奇蹟は失われる。しかも，たとえ翻訳されたところで，その内容には，かつてアラブ以外の人々が，その生活や知性や叡智に関する書物のなかで言及しなかった事柄など何一つ存在しないのである。これらの書物は民族から民族へ，世紀から世紀へ，言語から言語へと受け継がれ，ついに我々の許に到達した。我々は，その書物を相続し研究する最後の者に相当する。書物は建築や詩歌以上に，過去の偉業を記録する上で永続性があると言って差し支えない。……

(『世界史史料 2』岩波書店)

第 6 節 ◀ 考察を深める問い ▶ あなたは，西アジアやヨーロッパの宗教・文化の特徴は，現在のどのような現象につながっていると考えるだろうか。

18 編末問題 ❶

1 次の①〜⑥の文の下線部が正しければ○，誤っていれば適語を記入せよ。 知・技

①シュメール人はヒエログリフを粘土板に刻んで記録を残した。

②メソポタミアを統一したアッシリアのハンムラビ王は法にもとづく公正な支配をめざした。

③エジプトでは，ナイル川の定期的な増水時期を知るための太陰暦が発達した。

④前5世紀のペルシア戦争はアケメネス朝とギリシアのポリスの連合軍の間の戦争である。

⑤アレクサンドロス大王の遠征以後，西アジア各地ではギリシア風のヘレニズム文化が発展した。

⑥3世紀に成立したササン朝では，マニ教が国教とされた。

①		②		③	
④		⑤		⑥	

2 古代中国について述べた次の文章を読み，下の問いに答えよ。

　①前770年に都を東方にうつして以降，周王の権威は低下し，有力諸侯が対立した。前5世紀には，諸侯が自らを王と称してたがいに争うようになり（②戦国時代），やがて「戦国の七雄」とよばれる7つの強国がならび立った。そのなかから前221年に中国を統一したのが秦王政[（　A　）]である。彼は，国内では③中央集権化をすすめ，対外的には匈奴を北方に追いやり，南方に遠征するなどの積極的な政策をおこなった。しかし，急進的な政策や過酷な労役の負担により人々の不満をまねき，統一後わずか15年で秦は滅亡した。

　秦の滅亡後，農民出身の（　B　）が台頭して漢を建国した。漢は，諸侯の権力を徐々に削減しながら，前2世紀なかごろに即位した（　C　）のときに全盛期をむかえた。彼は（　B　）以来の対匈奴消極策を転換するなど④積極的な対外政策をおこなったが，これにより漢の財政は悪化し，（　D　）・平準法を実施したものの効果はうすく，後1世紀はじめには⑤外戚の王莽に帝位をうばわれた。

問1　文章中の空欄（　A　）〜（　D　）に入る語を答えよ。 知・技

A		B		C	
D					

問2　下線部①に関連して，前770年から前5世紀はじめまでの分裂時代を何というか答えよ。 知・技

（　　　　　　　　　　　　　　）

問3　下線部②に関連して，この時代の社会の変化について説明した次の文a〜dのうち，誤っているものを一つ選び，記号で答えよ。 知・技 　　□

a　実力重視の風潮が高まり，儒家や法家などの諸子百家が活躍した。

b　商業が発展し，各地で青銅貨幣による貨幣経済が広まっていった。

c　鉄製農具や牛犂耕の普及で農業生産力が大幅に向上した。

d　たがいに抗争していた諸国でも文字や「はかり」などは同じものが用いられていた。

問4 下線部③に関連して，秦でおこなわれた，中央から地方に長官を派遣して統治する制度を答えよ。
知・技
（　　　　　　　　　　　　　　　）

問5 下線部④に関連して，文章中Cの人物がとった対外政策として正しいものを次のa～dよりすべて選び，記号で答えよ。思・判・表
　　a　河西地方に敦煌郡を設置した。　　　b　吐蕃王国と会盟を結んだ。
　　c　衛氏朝鮮を滅ぼして楽浪郡を設置した。　d　突厥を東西に分裂させて優位に立った。

問6 下線部⑤に関連して，外戚とは何か簡潔に説明せよ。思・判・表

---

③ ローマの盛衰について述べた次の文章を読み，下の問いに答えよ。

　前6世紀末，イタリア半島の都市国家ローマでは，王が追放され，貴族が構成する元老院を政治決定の最高機関とする【　ア　】が成立した。その後，全イタリア半島を統一したローマは，地中海に進出して領土を拡大し，征服した土地を（　A　）として支配した。しかし，①領土拡大は中小農民の没落をもたらし，大量の無産市民が出現して大都市に流入すると，彼らを私兵として用いる軍事政治家が台頭した。相次ぐ争乱のなかで権力をにぎった（　B　）が暗殺されると，前1世紀末に（　B　）の養子である（　C　）が地中海世界を統一し，【　イ　】を樹立した。これは事実上，（　C　）を皇帝とする【　ウ　】であった。その後，有能な皇帝がつづき，②ローマは後2世紀末までに最盛期をむかえた。

　3世紀になると，帝国の周辺部で治安が不安定になり，軍事的負担の増大から政治が混乱した。この混乱を収拾するため，3世紀末ころに【　エ　】が導入された。これにより皇帝の権力が強化されて強力な支配体制が築かれたが，4世紀末に帝国は東西に分裂した。

問1 文章中の空欄（　A　）～（　C　）に入る語を答えよ。知・技

A		B		C	

問2 文章中の空欄【　ア　】～【　エ　】に入る語を次のa～dより選び，それぞれ記号で答えよ。
　　a　帝政　　　b　共和政　　　c　専制君主政　　　d　元首政　　　知・技

ア		イ		ウ		エ	

問3 下線部①に関連して，中小農民が没落した理由を説明せよ。思・判・表

問4 下線部②に関連して，以下の問いに答えよ。

(1) このローマの最盛期を何とよぶか。カタカナで答えよ。知・技（　　　　　　　　　　　　　　　）

(2) ローマの都市や文化について説明した次の文ア・イの正誤の組み合わせとして正しいものを，下のa～dより一つ選び，記号で答えよ。思・判・表

　　ア　首都ローマからは各地にのびる街道や海路が整備され，貨幣や度量衡，法律も統一された。
　　イ　ローマでは哲学が発展し，プラトンやアリストテレスが活躍した。
　　a　アー正　イー正　　　b　アー正　イー誤
　　c　アー誤　イー正　　　d　アー誤　イー誤

37

4 次の①～⑤の文の下線部が正しければ○，誤っていれば適語を記入せよ。 知・技

①インダス文明が衰退したのち，ドラヴィダ系の人々がインド北西部に侵入した。

②ガウタマ＝シッダールタが開いた仏教は，マウリヤ朝やクシャーナ朝で保護された。

③大乗仏教は，セイロン(スリランカ)から東南アジアへ伝わった。

④東南アジアでは，海上交易の場である港市と政治的中心が一体となった港市国家が成立した。

⑤7世紀に成立したマジャパヒト王国では仏教が信仰され，唐僧の義浄もこの国を訪れた。

①		②		③	
④		⑤			

5 唐について述べた次の文章を読み，下の問いに答えよ。

　隋末の混乱のなかで，618年，①長安を都として唐が成立した。2代皇帝の（　A　）はふたたび中国を統一し，国内の政治を整えた。唐は②隋の制度を継承し，律令を定め，中央には③三省と六部をおいて行政を分担させた。また，農民に一定の土地を支給する（　B　）を実施し，それに対して租調庸を負担させた。さらに，土地を支給された農民に兵役を課す（　C　）を採用した。

　しかし，こうした律令体制の発展のかげで，重い負担に苦しんだ農民が逃亡するなど，早くから体制にはゆらぎが生じていた。玄宗は（　C　）にかえて募兵制を採用し，新たに（　D　）を設けて辺境を守らせた。しかし，玄宗の晩年にその（　D　）の安禄山が部下とともに反乱をおこした。8年間におよんだこの反乱は，遊牧国家の④ウイグルの力を借りて鎮圧されたものの，唐では租調庸の税制が機能しなくなって財政難におちいり，780年には（　E　）が実施された。9世紀後半に⑤黄巣の乱がおこると，唐は致命的な打撃を受け，10世紀はじめに滅亡した。

問1　文章中の空欄（　A　）～（　E　）に入る語を答えよ。 知・技

A		B		C	
D		E			

問2　下線部①に関連して，長安にも多く居住し，シルクロード陸路の交通・交易で活躍した中央ユーラシアのオアシス地域出身の人々を答えよ。 知・技 　　　　　　（　　　　　　　　　　　　　）

問3　下線部②に関連して，隋によってはじめられた官僚登用試験を答えよ。 知・技

　　　　　　　　　　　　　　　　　　　　（　　　　　　　　　　　　　）

問4　下線部③に関連して，各省の業務とその名称の組み合わせとして正しいものを，次のa～cより一つ選び，記号で答えよ。 知・技 [　　　]

　　a　詔勅の実施―中書省　　　b　詔勅の草案作成―尚書省　　　c　詔勅の草案審議―門下省

問5　下線部④に関連して，唐とウイグルの関係を，唐と新羅の関係と比較して説明せよ。 思・判・表

問6　下線部⑤に関連して，この反乱には民衆の生活に欠かせない「あるもの」が大きくかかわっているが，それは何か。次のa～dより一つ選び，記号で答えよ。 知・技 [　　　]

　　a　絹　　　b　塩　　　c　コショウ　　　d　酒

6 西ヨーロッパの封建社会について述べた次の文章を読み，下の問いに答えよ。

　4世紀後半以降の①たび重なる異民族の侵入と社会的混乱を経験した西ヨーロッパでは，交通の安全が保てず，また貨幣経済も衰退して，これらに支えられていた商業と都市が衰えた。社会は，土地を基盤とした農業と物々交換を主とする経済活動に依存した。こうしたなか，各地に武装した有力者が現れ，戦士を従えて地域の防衛にあたった。②人々は，自らの身の安全や地位を守るために有力者と主従契約を結んだ。こうした封建的主従関係(封建制)は，西ヨーロッパを中心に広まった。

　農民には，自由農民と，不自由な身分にあった（　A　）がおり，後者は領主の直営地で賦役・貢納を負担した。このしくみを（　B　）という。封建社会は封建制と（　B　）を基盤として成立した。

問1　文章中の空欄（　A　）・（　B　）に入る語を答えよ。 知・技

A		B	

問2　下線部①に関連する次の文a〜dのうち，正しいものをすべて選び，記号で答えよ。 思・判・表

　a　フン人に圧迫され，多数のゲルマン人が西方に移動し，東ローマ帝国内に侵入した。

　b　ゲルマン人の一派が建てたフランク王国のカール大帝はローマ教皇から帝冠を受けた。

　c　ゲルマン人の一派であるゴートは，イベリア半島にまで進出し王国を建てた。

　d　スカンディナヴィア半島を原住地とするマジャール人は，11世紀にイングランドを征服した。

問3　下線部②に関連して，主君と家臣について主従間の契約による相互の義務を答えよ。 思・判・表

主君の義務		家臣の義務	

7　右の地図を見て，下の問いに答えよ。

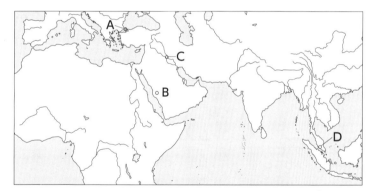

問1　地図中のA〜Dの都市名を答えよ。 知・技

A	
B	
C	
D	

問2　地図中Aの都市を都としたビザンツ帝国の最盛期を現出した人物を答えよ。 知・技

（　　　　　　　　　　　　　　）

問3　地図中Bの都市を聖地とする宗教の多数派を答えよ。 知・技　　（　　　　　　　　　　　　）

問4　地図中Cの都市を都とした王朝は「イスラーム帝国」と称されるが，その理由を説明せよ。 思・判・表

問5　地図中Dの都市を中心に14世紀末に成立したイスラーム国家を答えよ。 知・技

（　　　　　　　　　　　　　　）

19 西アジア社会の動向とアフリカ・アジアへのイスラームの伝播

? 節の問い

イスラームは，どのようにしてアジア・アフリカの各地に広まっていったのだろうか。

ここがポイント

なぜ次々とカリフを自称する王朝が現れたのだろうか。

① イスラーム世界の動向

《９世紀後半以降》…❶ ＿＿＿＿＿＿＿＿＿＿＿＿＿ カリフの権威衰退

　→カリフによるイスラーム世界の統一が徐々に失われる

　…❷ ＿＿＿＿＿＿＿＿＿＿＿＿（中央アジア）の自立など

・チュニジアの❸ ＿＿＿＿＿＿＿＿＿＿＿（シーア派）がカリフを自称

　⇔イベリア半島の❹ ＿＿＿＿＿＿＿＿＿＿もカリフを自称

・❺ ＿＿＿＿＿＿＿＿＿＿＿（シーア派）がバグダードに入城

　→❶は❺の君主に大アミールの称号をあたえ，イスラーム法執行の権限移譲

・❶は❺を倒した❻ ＿＿＿＿＿＿＿＿＿＿＿＿＿のトゥグリル＝ベクに

　❼ ＿＿＿＿＿＿＿＿＿（支配者）の称号あたえる

・❽ ＿＿＿＿＿＿＿＿＿＿（官僚や軍人に俸給支給）の維持が困難に

　→俸給ではなく分与地の徴税権を付与する❾ ＿＿＿＿＿＿＿＿＿ 成立

　→西アジア一帯に広まる

⇒カリフによる政治的統一性は失われるもののイスラーム世界の連携は維持

ここがポイント

９世紀以降，トルコ人の活躍がめだつようになるのはなぜだろうか。

② トルコ系王朝の活動

《イスラーム世界におけるトルコ人の役割増大》

　…❶で❿ ＿＿＿＿＿＿＿＿＿＿を親衛隊として組織（９世紀）

・⓫ ＿＿＿＿＿＿＿＿＿＿＿＿（トルコ系）

　…❷を滅ぼし（10世紀末），トルキスタンのイスラーム化促進

　→❻・⓬ ＿＿＿＿＿＿＿＿＿＿（❶滅亡後にカリフ擁立）もトルコ系

・⓭ ＿＿＿＿＿＿＿＿＿…北インドに侵入，インドのイスラーム化促進

③ ムスリム商人の活動

(1) ムスリム商人の陸海ネットワークを通じイスラーム世界が拡大

　・西アフリカのイスラーム化

　　…ムスリムの隊商によるサハラ縦断交易（⓮ ＿＿＿＿＿＿⇔⓯ ＿＿＿＿＿＿）

　　（８世紀以降）→ニジェール川流域にイスラーム伝播

　　　→ムスリムを君主とする王国誕生（13世紀）

　・アフリカ大陸東岸…⓰ ＿＿＿＿＿＿＿＿やモンバサなどの港市が発展

　　→アラビア語と現地の言語が融合した⓱ ＿＿＿＿＿＿＿＿＿形成

(2) インド海岸部・東南アジア諸島部のイスラーム化

　・東南アジアにムスリムを君主とする王国の成立（14世紀後半以降）

　・ヒンドゥー教信仰を主とするインドや東南アジア地域では⓲ ＿＿＿＿＿＿＿

　　　　　＿＿＿＿＿＿もイスラーム化に大きく貢献

問❶　政治的統一性が失われた後も，イスラームの連携が維持されたのはなぜだろうか。

問❷　トルコ系王朝は，イスラーム世界の拡大にどのような役割をはたしただろうか。史料4「トルコ人の戦闘力」（教 p.90）・地図5「トルコ系イスラーム王朝の拡大」（教 p.91）から考えてみよう。

(1)　右の史料を読み，トルコ人の戦闘力の特徴を簡潔に答えよう。

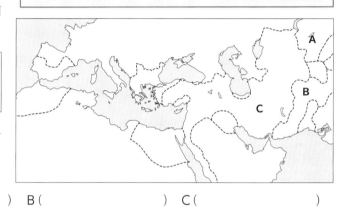

4 トルコ人の戦闘力（『トルコ人の美徳』，9世紀）

トルコ人の騎兵千騎が攻撃しいっせいに弓を射ると，千騎の騎兵を打ち倒す。このような攻撃に対しては，どんな軍が生き残るというのだ。ハワーリジュ派とアラブ遊牧民には，前述のような，馬の背に乗って行う騎射の技術はない。ところがトルコ人は，獣，鳥，槍の上の的，人間，うずくまる獣，設置された形象を騎射することができ，騎馬を全速で前後，左右，上下にギャロップさせても騎射することができる。……　（『世界史史料2』岩波書店）

(2)　右の地図中のA〜Cはトルコ系王朝である。それぞれの名称を答えよう。

　　　　　A（　　　　　　　）B（　　　　　　　）C（　　　　　　　）

(3)　(1)・(2)で確認したこともふまえ，**問❷**への解答をまとめよう。

問❸　ムスリム商人は，イスラーム世界の拡大にどのような役割をはたしただろうか。

第1節〈考察を深める問い〉　あなたは，イスラームを受け入れたそれぞれの地域ごとの多様性は，どのような形で発揮されていると考えるだろうか。

20 封建社会の展開と交易の拡大

❓節の問い
ヨーロッパで形成された封建社会はどのようにして変質したのだろうか。

学習課題
この時代に商業活動がさかんになったのはなぜだろうか。

ここがポイント
温暖な気候の影響で，ヨーロッパ世界の農業はどのように変わっていったのだろうか。

ここがポイント
交易活動はどのような地域でさかんになったのだろうか。

ここがポイント
ヨーロッパ世界の拡大によって，どのような文化圏と接触するようになったのだろうか。

1 温暖化と農業の発達

《11〜13世紀のヨーロッパ》

　…比較的温暖な時期がつづき，高緯度地域でも農業が可能に

・❶_____…エルベ川以東で耕地開拓

・農業技術の改良（ヨーロッパ西部）

　→❷_____農法…耕地を三分し，3年間で2回耕作する輪作

　→❸_____…家畜に引かせてより深くまで土を掘りおこす

　⇒農地の拡大，生産性の向上により農業生産量は増加傾向⇒人口増加

　⇒各地の都市で❹_____の開催…余剰生産物を交換

2 交易の活性化

(1)　都市の増加・交通路の整備…商業活動の活発化による

　→領主…都市の建設に協力・❹の保護

・❺_____地方…各都市で交代で❹を開催

　→ヨーロッパだけでなくアフリカやアジアの商品も流通

・❹では，各地の通貨を交換するための金融取引も実施

・❻_____地方…地中海から❼_____に至る

　航路の開拓によりヨーロッパ南北を結びつける交易の中心地に

(2)　都市の自治…活発な経済活動→領主から自治権を獲得

　→国王が自治を認めた場合は王権と結びつき，領主に対抗して王権を擁護

・❽_____（同業者組合）に所属する富裕な人々が都市の特権層として市政を独占，貴族化

・❾_____…手工業者が❽に対抗して結成した同業者組合

3 ヨーロッパ世界の広がり

(1)　❿_____の地中海進出（11世紀以降）

・⓫_____建国…地中海貿易の中継地

　→イスラームや⓬_____の文化人が宮廷を支える

(2)　⓭_____の影響…教皇のよびかけに応じて開始

・ヨーロッパの物流網が拡大

　→⓭の輸送を担った⓮_____諸都市の繁栄

・イスラームの社会・文化との接触

(3)　⓯_____半島での勢力争い

　…キリスト教国家とイスラーム勢力の対立

　→半島中部までキリスト教国家支配が拡大（13世紀ころ）

問❶ 11～13世紀に農業生産量が増加したのはなぜだろうか。

問❷ 史料7「ヴェネツィアの商業圏の広がり」(教 p.93)に示された毛織物の輸出先を調べ,資料5「中世ヨーロッパ商業の発達」(教 p.93)の地図上で確認しよう。

(1) 次のA～Gの都市・地域の位置を右の地図上で探し,地図中の空欄にそれぞれ記号を記入しよう。

A　ナポリ

B　シチリア

C　カタルーニャ

D　エジプト(アレクサンドリア)

E　シリア(ダマスクス)

F　キプロス

G　リスボン

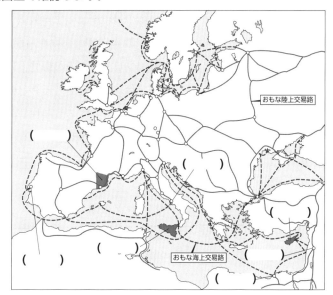

おもな陸上交易路

おもな海上交易路

問❸ 商業のつながりは,どのような影響をもたらしただろうか。

(1) ヨーロッパの都市の発達について述べた次の文章中の空欄に当てはまる語を答えよう。

商業活動が活発になると都市が発達し,都市を結ぶ交通路が整備された。13世紀の(a)地方の各都市では,(b)が開かれ,ヨーロッパ内外の商品が取引された。(b)では,価値の異なる(c)を交換する金融取引もおこなわれた。のちに,(d)地方を経由してヨーロッパ南北を結びつける航路が開拓されると,交易活動はさらに活発になった。都市は,(e)に対抗して(f)を獲得した。

a (　　　　　　　) b (　　　　　　　) c (　　　　　　　) d (　　　　　　　)

e (　　　　　　　) f (　　　　　　　)

(2) 11世紀以降の地中海とヨーロッパ商業のつながりについて,次の語句も用いて説明しよう。

【語句】　シチリア王国,十字軍

21 ヨーロッパ封建社会の動揺

学習課題

国王の立場は，それ以前と比べてどのように変化しただろうか。

ここがポイント

なぜ国王の権力は増大したのだろうか。

① 教皇権の衰退

《都市の発達・経済活動活性化》…国王の権力増大，教皇権とのバランス崩壊

・フランスの❶_____（14世紀）

　…身分制議会の❷_____の開催，教会への課税をめぐり教皇と対立

　→教皇権の優位を主張する教皇を捕縛（❸_____）

　→以後，教皇庁はローマから❹_____に移る（以後70年以上フランス国王の影響下に）

　→教皇庁はローマにもどるも（14世紀末），複数の教皇がならび立つ事態に

　⇒❺_____の重要性が高まり，教皇の影響力は衰退

② 英仏の王権の伸長

ここがポイント

イギリス・フランスと神聖ローマ帝国の間で，国王・皇帝権力の伸長にちがいが生じたのはなぜだろうか。

(1)　イギリス・フランス

・❻_____（1339〜1453）…英仏の断続的な争い（約100年）

　→フランスの❼_____が断絶→イギリス王❽_____

　　_____がフランス王位継承権を主張したことが発端

　⇒《戦争末期》…❾_____登場→イギリス優位の形勢転換→大陸の要衝❿_____のみを残してイギリス撤退

・フランス国王の権力強化

　→《❻後》…領土を拡大，荒廃した国土回復，教会への支配権を確立

・イギリス…⓫_____（1455〜85）後，国王の権力強化

　→⓫後，⓬_____成立

　→新興商人層の経済力を取りこんで王権強化

⇒14〜15世紀にかけて英仏の王権強化・統治機構整備・課税額増加

(2)　神聖ローマ帝国

・⓭_____への南下をくり返す

・⓮_____により選帝侯を定める…皇帝不在の状況解消のため

　→皇帝の権力を尊重しつつ⓯_____の独立性を重視

③ 14世紀の危機

ここがポイント

14世紀におこった気候変動と封建的関係の動揺には，どのような関係があるだろうか。

・寒冷な気候→凶作や飢饉が相次ぐ→⓰_____流行

　…1340年代後半に流行，ヨーロッパ人口の約３分の１が死亡

　→人口減少で農民の賃金が上昇→封建的関係から自立する者が出現

　→商業活動の活発化により⓱_____経済浸透

　→社会不安や増税への反発などから各地で農民反乱・都市暴動発生

　⇒封建的関係が動揺

問❶ 教皇権が衰退した結果としておきたできごとは何だろうか。

問❷ 百年戦争とバラ戦争後に英仏の国王の権力はどのようなものになっただろうか。英仏それぞれの
動向を説明しよう。

問❸ 史料5「金印勅書」(教 p.99)によれば，神聖ローマ皇帝はどのように選ばれることになっただろ
うか。

(1) 史料を読み，空欄に入る語を
答えよう。

a (　　　　　　　　)

b (　　　　　　　　)

c (　　　　　　　　)

---

5 金印勅書(1536 年)

こうして(　a　)たち……が……誓約を行なった後，彼らは(　b　)
に入るべきである。そして……，彼らのうちの過半数が，この世界あ
るいはキリスト教徒たちの首長，すなわちローマ人たちの王であり
(　c　)となるべき人物を選出する……。彼らあるいは彼らの過半数
が[王を]選出した場合には，……(　b　)は，彼ら全員の一致によ
り，1人の反対者もなく行なわれたと……判断されなければならない。
……

(『西洋中世史料集』東京大学出版会)

---

(2) (1)もふまえ，**問❸**への解答をまとめよう。

第2節 考察を深める問い　あなたは，英仏における王権の強化の要因は何だったと考えるだろうか。

中央ユーラシア型国家と盟約の時代

1 東部ユーラシアの変動

《9世紀なかばから10世紀初頭の東部ユーラシア》

　…ウイグル・吐蕃・唐が相次いで崩壊

・華北：トルコ系遊牧民の王朝が興亡

・華中・華南：地方政権乱立，四川・福建・広東などの開発進展

・朝鮮半島：❶＿＿＿＿＿＿＿…新羅に取ってかわる

・渤海…モンゴル系遊牧国家の❷＿＿＿＿＿＿＿＿＿により滅亡

・雲南(中国西南地域)：南詔にかわり❸＿＿＿＿＿＿成立

・北部ベトナム：❹＿＿＿＿＿＿成立(11世紀はじめ)

2 中央ユーラシア型国家

(1)　❷国(❺＿＿＿＿)成立(モンゴル高原東部，10世紀はじめ)

　…❷の諸集団を❻＿＿＿＿＿＿＿＿＿が統合

　→モンゴル高原に勢力拡大→渤海を滅ぼし，❶を服属させる

　・華北のトルコ系王朝建国を援助→代償に❼＿＿＿＿＿＿＿を獲得

　　→❽＿＿＿＿＿＿＿に圧力をかける

(2)　❾＿＿＿＿＿＿成立(黄河上流域，11世紀なかば，チベット系タングート)

　…河西地域を支配・東西交易をおさえる

(3)　❿＿＿＿＿成立(中国東北地域，12世紀，ツングース系の⓫＿＿＿＿＿＿)

　…❷の支配下にあったが，のちに❽と結んで❷を滅ぼす

　→❽を滅ぼして華北支配→江南には⓬＿＿＿＿＿再建

(4)　中央ユーラシア型国家…❷・❾・❿

　→遊牧・狩猟民の騎馬軍団を軍事力の基盤＋農耕定住地域で長期にわたる安定的な支配

　→文書行政システムを根幹とし，支配対象に応じた多元的で柔軟な統治体制

　⇒同様の国家は農耕・牧畜境界地帯に沿うようにユーラシアの東西に成立

3 盟約の時代

・⓭＿＿＿＿＿＿＿＿＿締結(1004年，❷・❽間)

　…国境の画定，相互不可侵，❽から❷への銀や絹の貢納，親族関係になぞらえた外交関係⇒約120年におよぶ和平保たれる

　＝盟約の締結による中央ユーラシア型国家と中国王朝の関係のあり方

　　…❾と❽，❿と⓬の間などでもみられる

《東部ユーラシア》…❷・❿が軍事力を背景に優位に立ちながらも，盟約にもとづいて諸勢力の共存・均衡が保たれる

問❶ 唐滅亡後，東部ユーラシアの情勢はどのように変化しただろうか。中国とそれ以外の地域に分けて説明しよう。

中国	
それ以外の地域	

問❷ この時代の遊牧国家の特徴はどのようなものだっただろうか。

問❸ 史料8「澶淵の盟の誓書(北宋側)」(教 p.101)によれば，この時代の諸国家・勢力間ではどのような取り決めが交わされただろうか。

(1) 史料を読み，空欄に入る語を答えよう。

a (　　　　　　　)

b (　　　　　　　)

c (　　　　　　　)

⑧ 澶淵の盟の誓書(北宋側) (『続資治通鑑長編』❶巻 58)

……ともに誠信にしたがい，つつしんで盟約を守らん。土地の物産によって[貴朝の]軍隊の費用を助けるにあたり，毎年(a)二十万匹・(b)十万両を，使者をわざわざ北朝[=(c)]に赴かせるようなことはせずに，ただ三司❷に人を派遣させて雄州❸まで運搬して引き渡す。辺境地帯の州・軍はそれぞれ境界を守り，[南北]両地の人戸は互いに侵入してはならない。盗賊が逃亡してくることがあれば，互いに留め匿ってはならない。田畑の農作業については，南北ともに騒がせてはならない。……誓書の規定以外にはそれぞれ要求はしない。かならず協力につとめ，[両朝が]長く存続せんことを。
❶北宋の皇帝9代の治世におきたできごとを編年体で記した歴史書
❷財務を担当する部署　❸現在の河北省に存在した州

(毛利英介著「澶淵の盟について」『契丹[遼]と10〜12世紀の東部ユーラシア』勉誠出版)

(2) (1)もふまえ，**問❸**への解答をまとめよう。

23 結びつく東部ユーラシア

宋の政治・社会・経済
は東部ユーラシアとど
のようにかかわってい
ただろうか。

1 北宋と南宋

(1) 宋(北宋)による中国の再統一(10世紀後半)

…科挙出身者を主体とする官僚制を整備し，君主独裁制を確立

・《外交面》…北の❶＿＿＿＿＿＿，西北の❷＿＿＿＿＿＿とは盟約を結ぶ

→一方でつねに国境付近に大量の軍事力を備える必要

・都の❸＿＿＿＿＿と江南を結ぶ大運河や物流ルートの整備

…官僚制・軍事力維持のための物資輸送→さまざまな富国強兵策も実施

・12世紀，東北地域に興った❹＿＿＿＿＿と結んで❶を滅ぼす

⇒宋も❹により滅亡⇒宋の一族が南下して❺＿＿＿＿＿を建国

(2) 江南を基盤に❺が成立(12世紀前半)…都：❻＿＿＿＿＿

・❹との和議が成立…和平を主張する❼＿＿＿＿＿の主導

⇒淮河・秦嶺山脈を境に❹と❺が共存へ

ここがポイント
なぜ宋の一族は南下した
のだろうか。

2 社会経済

・人口…宋代には1億人をこえ，江南が華北を上回る→長江下流のデルタ地帯
で干拓・水利事業進展→「❽＿＿＿＿＿熟すれば天下足る」と称される

・石炭利用の普及…コークスによる製鉄→鉄生産の活発化

・❾＿＿＿＿＿や絹の生産拡大

・陶磁器産業の活発化…❿＿＿＿＿＿＿などの都市

・大都市の発展…商業の中心→市場・繁華街の繁栄

・貨幣経済の浸透…銅銭の大量流通，⓫＿＿＿＿＿の使用

・新興地主層の台頭…小作農(⓬＿＿＿＿＿)から小作料を徴収

…知識人階級(⓭＿＿＿＿＿)を形成→詩文・書画などの文化を担う

・宋代には口語体をまじえた小説や戯曲などの庶民文化も誕生

ここがポイント
宋代に経済活動がさかん
になったのはなぜだろう
か。

3 交通・交易・文化交流

・❶・❷・❹…宋から入手した銀や絹を宋との交易に利用

・中国の絹・銅銭(⓮＿＿＿＿＿)…東部ユーラシアに広く流通

・東南アジアの香料…中国を通じて内陸へ

・⓯＿＿＿＿＿…宋が日本・東南アジア・西アジアなどから輸入

⇒❶・❷・❹との国境の交易場や中国沿岸部の⓰＿＿＿＿＿が交易の結節

点に→中国商人・ウイグル商人(陸上)・ムスリム商人(海上)の活躍

→⓱＿＿＿＿＿の実用化で航海技術向上→海上交易の活発化

・東部ユーラシアで仏教流行…⓲＿＿＿＿＿による大蔵経印刷，仏塔
の建設，僧侶の往来もさかん

ここがポイント
宋を中心とする東部ユー
ラシア地域の交易はどの
ようなようすだっただろ
うか。

問❶ 宋の政策・社会・経済にはどのような特徴があっただろうか。次の表に整理してみよう。

政策	
社会・経済	

問❷ 史料4「宋の硫黄の買いつけ計画」・史料5「日本に来航した5人の宋海商」(教 p.103)によれば、この時代の交易と国際情勢はどのようにかかわっていただろうか。

> ### 4 宋の硫黄の買いつけ計画
> (『続資治通鑑長編』、1084年)
>
> 明州の長官である馬琰が「朝廷のご命令に従い、商人を募集して日本国で硫黄50万斤を買いつけ、10万斤ごとに一船団として(運搬し)、官員を募集して管理運搬させてはいかがでしょう」と上奏した。その通りに実施した。

> ### 5 日本に来航した5人の宋海商 (『朝野群載』❶, 1085年)
>
> 大宰府より宋海商の王端・柳㶚・丁載らが来航したことを報告いたします。……同じく大宰府より宋海商の孫忠・林皐らが来航したことを報告いたします。前件の議題に関して、公卿❷たちが話し合っていうには、海商の来航[の間隔]については従来すでに決定されています。[にもかかわらず]なかでも例の孫忠は[前回の来航から時間がたっていないにもかかわらず]急いで来航しなければならなかった事情を申し述べています。どうして、海商のような身分の者が、その所属する A[宋]朝廷の願いをとげることができましょうか。大宰府に命じて、すぐに帰国させるべきではないでしょうか、と。
> ❶平安時代に編纂された文書集　❷日本の高官　　　(山内晋次訳)

(1) 2つの史料の内容から、史料5中の下線部A「[宋]朝廷の願い」とは具体的にどのようなものであったか推測しよう。また、宋がそのように願った背景について、当時の宋を取りまく国際状況に着目しながら考えよう。

(2) (1)で確認したこともふまえ、**問❷**への解答をまとめよう。

問❸ どのような人々やモノが東部ユーラシアを往来していただろうか。

(1) 右の地図中のA〜Cに入る交易品をそれぞれ答えよう。

　　A(　　　) B(　　　) C(　　　)

(2) どのような人々が東部ユーラシアを往来していたか、交易や文化面に着目して答えよう。

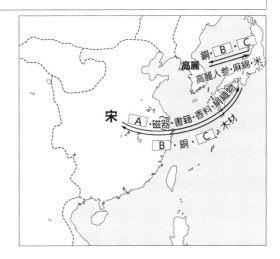

24 モンゴル帝国の成立と拡大

学習課題
モンゴル帝国の支配にはどのような特徴があっただろうか。

ここがポイント
モンゴル帝国は，どのようにして短期間でユーラシア規模の大帝国となったのだろうか。

1 モンゴルの勃興

(1)　ウイグル崩壊後のモンゴル高原…トルコ系・モンゴル系集団が分立

・モンゴル部の❶＿＿＿＿＿＿＿＿＿がモンゴル高原を統一(12世紀末)

→1206年，❷＿＿＿＿＿＿＿＿＿(部族長会議)でハンに推戴(❸＿＿＿＿＿＿＿＿＿＿＿＿＿＿＿)⇒モンゴル帝国成立

→支配下の諸部族を千人隊に再編，帝国の領域を中央・東西に分ける

→配下の集団から有力な子弟を集め親衛集団・人材養成組織編成

⇒以後のモンゴル帝国を支える根幹に

(2)　モンゴルの勢力拡大…ウイグル商人の支援を受け，各地に遠征

・❸の活躍…金を攻め，❹＿＿＿＿＿＿＿＿＿，❺＿＿＿＿＿＿＿を滅ぼす。❻＿＿＿＿＿＿＿＿＿を事実上崩壊させる

⇒❸死後もモンゴルは拡大つづける

→金を滅ぼし華北を支配，遠征軍を東ヨーロッパや西アジアに派遣

→朝鮮半島の❼＿＿＿＿＿を服属させ，大理を滅ぼし，南宋に侵攻

(3)　❽＿＿＿＿＿＿＿＿＿の統治(13世紀後半)…大ハンの継承戦争に勝利

・都を❾＿＿＿＿＿にうつし，国号を❿＿＿＿＿＿＿＿＿＿に

・南宋を滅ぼし，江南を支配下に

・北ベトナム，ビルマ，チャンパー，ジャワ，日本などに遠征軍派遣

→東南アジアや海域世界への進出をはかり，通交・交易をせまる

2 モンゴル帝国の拡大と支配

ここがポイント
大帝国を維持するための工夫にはどのようなものがあるだろうか。

《モンゴル帝国》…❽の時代までに東アジアから西アジア・東ヨーロッパにおよぶ広大な領域を支配→❿皇帝を宗主としながらゆるやかにまとまる連合体形成

：中央アジアの⓫＿＿＿＿＿＿＿＿＿＿＿，南ロシアの⓬＿＿＿＿＿＿＿＿＿，イランの⓭＿＿＿＿＿＿＿

(1)　モンゴル帝国の支配

…モンゴルとの縁故や実力があれば誰でも支配層に加わることが可能

・⓮＿＿＿＿＿＿＿＿＿やウイグル文字・モンゴル文字で命令→各地の言語・文字に翻訳され拡大⇒モンゴルは支配地域の社会・文化に干渉せず

(2)　モンゴル支配下の中国…宋・金以来の体制継承，中央・地方の長官職にはモンゴル人・ウイグル人・契丹人・女真人などをすえる

・儒教は保護するが⓯＿＿＿＿＿は重視せず

⇒匈奴以来の遊牧国家の伝統と中央ユーラシア型国家の支配体制継承

問❶ モンゴルはどのように拡大しただろうか。

問❷ 史料6「フビライの国書」(教 p.105)によれば，フビライは日本に何を求めたのだろうか。

(1) 史料を読み，空欄に入る
語を答えよう。

a (　　　　　　　)

b (　　　　　　　)

> **6 フビライの国書**(『蒙古国牒状』，1266 年)
>
> 天のいつくしみを受けている大蒙古国の皇帝が書を日本国王に奉る。朕が考えるのに，昔から小国の君主で，国境を接しているものは，音信を交わしあい，仲よくしあうよう努めている。ましてわが祖先は，天の明命を受けて天下を領有している。その威を恐れ，徳を慕ってくる遠い異国のものたちは数えられないほどになっている。……（ a ）は朕の東方の属国であるが，日本は（ a ）と近接し，開国以来おりにふれて中国に（ b ）を遣わしてきた。しかし朕の時代になってからは一人の（ b ）も親交を結びに来たことがない。……そこで，とくに（ b ）を遣わし，書を送って朕の志を知らせる。願わくは今後互いに訪問しあい，親交を結び，親睦を深めようではないか。また，聖人は天下をすべて一つの家にするという。互いに親交を深めなくて，どうして一つの家になったといえよう。兵を用いるようなことをどうして好むであろうか。王はよくこのことを考えてほしい。すべては述べつくしていないが，あとは察してほしい。……

(2) (1)もふまえ，**問❷**への解答をまとめよう。

問❸ モンゴル帝国は支配下の地域にどのような姿勢で臨んだだろうか。

(1) 右の地図中のA～Dに当てはまる
国名を記入し，モンゴル帝国の支配
領域を確認しよう。

A (　　　　　　　)

B (　　　　　　　)

C (　　　　　　　)

D (　　　　　　　)

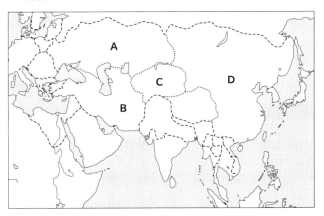

(2) モンゴル帝国の支配体制の特徴に
ついて説明しよう。

25 モンゴルのユーラシア統合

学習課題

モンゴルによるユーラシア統合は何をもたらしただろうか。

ここがポイント

ユーラシア規模の通商・交易圏はどのようにして築かれたのだろうか。

1 ユーラシアの統合

(1) モンゴル帝国によるユーラシア規模の通商・交易圏の創出

・草原の道，オアシスの道を掌握→❶＿＿＿＿＿＿＿＿＿＿＿＿を中心とした

　駅伝による交通網の整備

・元の大運河の水運，沿岸部の海運が大都で連結→モンゴル高原とも接続

・海港都市❷＿＿＿＿＿＿，❸＿＿＿＿＿＿，明州などに市舶司を設置

→ウイグル商人やムスリム商人の活躍

→交易促進のため，モンゴルは貨幣単位や度量衡を統一

→共通通貨は銀，紙幣(❹＿＿＿＿＿＿)は補佐的な役割

(2) ユーラシア統合による文化交流

・《中国→イスラームやヨーロッパ》…火薬や印刷技術，羅針盤の伝播

・イランでペルシア語の歴史書や細密画(ミニアチュール)が誕生

・《イスラーム→中国》…数学・天文学・医学の伝播，❺＿＿＿＿＿＿の作

　成，チベット仏教やイスラーム，「❻＿＿＿＿＿＿派」キリス

　ト教，カトリックの広まり

ここがポイント

14世紀に各地で危機的状況が発生したのはなぜだろうか。

2 14世紀の危機とモンゴル帝国の解体

《ユーラシア規模の気候の寒冷化》

…各地で災害や疫病→❼＿＿＿＿＿＿がユーラシア西方に拡大

・各地で社会不安による反乱…モンゴル諸政権の相次ぐ崩壊

→元，❽＿＿＿＿＿＿の結果，モンゴル高原に撤退(❾＿＿＿＿＿＿)

→ジョチ＝ウルス，フレグ＝ウルス，チャガタイ＝ウルスも分裂・抗争

⇒モンゴル帝国によるユーラシアの統合は解体される

→ユーラシア各地でモンゴル帝国のしくみを継承した諸国家が誕生

ここがポイント

モンゴル帝国の解体後，ユーラシアではどのような国々が成立しただろうか。

3 ポスト・モンゴルの時代

・❿＿＿＿＿＿…モンゴル帝国の再興めざす

→チンギスの系譜に婚姻関係を通じて連なり，継承者としての権威を保持

・⓫＿＿＿＿＿＿…❿の子孫が建国

→モンゴルの正統に連なるものとして血統を強く意識

・⓬＿＿＿＿＿＿の台頭→モンゴル貴族を臣下に加えた⓭

　＿＿＿＿＿＿がロシア帝国の基礎を築く(16世紀なかば)

・⓮＿＿＿＿＿＿…モンゴル帝国以来の遊牧集団が基盤

・⓯＿＿＿＿＿＿…軍事・政治構造に遊牧国家的性質

⇒モンゴル帝国の諸要素は各地域に成立した帝国に引きつがれる

問いのステップにチャレンジ

問❶ モンゴル帝国の影響下での交通・交易はどのようなものだっただろうか。

問❷ 史料6「大元ウルスと大都」(教 p.107)によれば，大都はどのような都市だっただろうか。

6 大元ウルスと大都(マルコ＝ポーロ❶『東方見聞録』)

また，このカンバルク(大都)の町には，世界中のどの町にも増して貴重で高価で珍しい品物が到来する。しかも，そのすべての品物について膨大な量が運び込まれるのである。というのも，さまざまな人々がさまざまな地方から，大カーン❷と，その宮廷と，この広大な町と，そこに暮らす臣下たちや騎兵たちと，およびその周辺に駐屯する大カーンの軍隊のために品物を運んで来るからだ。宮廷にも首都にも，あちらにもこちらにも，実に大量の品物が際限もなく運ばれて来る。絹だけに限ってみても，毎日少なくとも1,000台の荷車がこの町に入って来て，その絹から大量の金糸の絹織物などが生産される。……
❶13世紀のヴェネツィア商人，実在を疑う説もある　❷大ハン　　　　　　　　　　　　　　(『世界史史料4』岩波書店)

問❸ モンゴル帝国は後世にどのような影響をあたえただろうか。

(1) モンゴル帝国の解体にともない，ユーラシアの各地ではどのような国々が生まれただろうか。またそれらの国々にみられるモンゴル帝国の影響にはどのようなものがあるだろうか。地域ごとに整理しよう(教 p.125の地図なども参考にして考えよう)。

中央アジア・西アジア	
南アジア	
西北ユーラシア	

第3節　考察を深める問い　モンゴルのユーラシア統合を可能にした要因はどのようなものだっただろうか。

15〜16世紀のアジア海域での交易の興隆

❓節の問い

この時代になぜ，アジア海域で出自のちがう人々による交易がまたさかんになったのだろうか。

ここがポイント

東南アジアで交易が活発になったのはなぜだろうか。

---

1 東南アジア海域の貿易発展

(1)　14世紀以降の東南アジア海域

《背景》…❶＿＿＿＿＿＿＿＿＿＿＿＿＿＿の解体→陸のネットワークすたれる

・❷＿＿＿＿＿＿＿＿＿＿＿＿＿（タイ）…海路による❸＿＿＿＿＿への朝貢貿易

と西方諸国との貿易で繁栄

・❹＿＿＿＿＿＿＿＿＿＿＿＿＿（マレー半島・スマトラ島）

…インド洋・東南アジア海域・南シナ海を結ぶ東西交易の中継地

→❷や❺＿＿＿＿＿＿＿＿＿＿＿＿＿＿（ジャワ島）の攻勢に備える

ため，❸の朝貢国となる

→❸の対外政策が消極化→西方への❻＿＿＿＿＿＿貿易を担う❼＿＿＿＿＿

＿＿＿＿＿＿＿＿＿＿＿との結びつきを強め，王がイスラームに改宗

→東南アジア海域を中心とした交易ネットワーク広がる

→マレー半島やインドネシアの島々のイスラーム化すすむ

⇒「❽＿＿＿＿＿＿＿＿＿＿＿＿＿」(15〜17世紀)へ

2 ポルトガルのアジア進出

《アジア海域へのヨーロッパ人の参入(16世紀〜)》

：インド洋における既存の交易ネットワークを利用

・ポルトガルの進出…背景に火器の発達

→❹を武力で占領(1511)→❾＿＿＿＿＿＿＿＿＿諸島に進出

→❿＿＿＿＿＿＿＿＿に居留権獲得(1557)→❸や日本と貿易

→インド洋沿岸の根拠地に要塞を建設

→❻貿易の独占・❼の交易路遮断をはかる

3 アジア諸港市国家の対応

(1)　諸勢力の反発

・東南アジアの港市国家や❼・ヒンドゥー商人はポルトガルの動きに反発

→マラッカ海峡をさけるルート開拓

→⓫＿＿＿＿＿＿＿＿＿＿＿・バンテン王国・⓬＿＿＿＿＿＿＿

などが台頭

→ポルトガルによる交易独占・❼の❻貿易遮断は実現せず

(2)　スペインの進出

・フィリピンのルソン島に⓭＿＿＿＿＿＿＿＿を建設(1571)

→⓮＿＿＿＿＿＿＿＿をもとに，中国(福建)・⓭・アメリカ大陸を結ぶ

太平洋貿易に注力

ここがポイント

ポルトガルやスペインの進出の背景にはどのような理由があっただろうか。

ここがポイント

ポルトガルやスペインの進出はアジアにどのような影響をあたえただろうか。

問❶ マラッカを訪れる国々はどこまで広がっているだろうか。

(1) 下の史料「マラッカのシャバンダール（港務官）」（教 p.111）の下線部Ａ〜Ｄで示したマラッカの4
人の港務官が応対した相手を下の表に書きだして整理しよう。

6 マラッカのシャバンダール（港務官）
（『東方諸国記』）

マラッカには4人の港務官がいる。かれらは
市の役人で，それぞれの管轄に従ってジュン
コの船長を応接する人々である。……Ａグ
ジャラート人の港務官は他の誰よりも重要
である。またＢブヌア・キリン，ベンガル，
ペグー，パサイの港務官，Ｃジャワ，モルッ
カ，バンテン，パレンバン，タンジュンプラ，
ブルネイ，ルソンの港務官，Ｄ中国，琉球，
シャンシェオ［漳州または泉州］，チャンパー
の港務官がいる。人々はマラッカに来た時に
はそれぞれの国籍によって商品あるいは贈物
を持って［それぞれの港務官の所に］出頭する。

（トメ＝ピレス著，生田滋他訳注『東方諸国記』岩波書
店）

	応対した相手	おおよその地域
A		・a_____西北部
B		・a南東岸〜ベンガル地方 ・現在のb_____・フィリピンの一部
C		・現在のc_____・ブルネイ・フィリピンの一部
D		・中国の一部，琉球 ・現在のd_____南部

(2) (1)の表で，応対した相手がおおよそどの地域に該当するかまとめた部分の空欄a〜dに当てはま
る地域を，以下の語群より選び，表中に数字を記入しよう。

【語群】 ①インドネシア ②インド ③ベトナム ④ミャンマー

問❷ ポルトガルのマラッカ占領は何を目的としたものだろうか。マラッカのもつ地理的役割に注目し
ながら説明しよう。

問❸ ポルトガルのマラッカ占領はなぜ他勢力の反発をまねいたのだろうか。

第4節 ◀ 考察を深める問い ▶ あなたは，マラッカが15世紀に繁栄をむかえた理由をどこに見いだすだ
ろうか。

27 明の統治と国際秩序

❓節の問い
明の対外・交易政策が16世紀に変化していくのはなぜだろうか。

学習課題
明の対外政策と国際秩序は，どのように変容しただろうか。

ここがポイント
❶と❽はどのような政策に力を入れただろうか。

ここがポイント
明が❿を実施し，⓬をよびかけたのはなぜだろうか。

ここがポイント
⓲は明にどのような状況をもたらしただろうか。

① 明の成立

(1) 朱元璋(❶＿＿＿＿＿＿)(在位1368〜98)

・紅巾の乱で頭角を現す→❷＿＿＿＿＿を都に明を建国(1368)

・儒学(❸＿＿＿＿＿)を重んじ，農民をきびしく統制

→❹＿＿＿＿＿＿(土地台帳)と❺＿＿＿＿＿(戸籍・租税台帳)をつくらせ，❻＿＿＿＿＿を整備

・❼＿＿＿＿＿を皇帝に直属させ，皇帝権を強化

(2) ❽＿＿＿＿＿(在位1402〜24)

・北京に都を移し，大規模な対外遠征をおこなう

→モンゴル高原を制圧，女真人を勢力下に，ベトナム北部を併合

・宦官の❾＿＿＿＿＿に南海遠征を命じる

→東南アジア・マラッカ海峡をこえ，アフリカ東岸に到達

② 海禁＝朝貢体制

(1) ❿＿＿＿＿の実施

《背景》⓫＿＿＿＿＿の出現(14世紀)…朝鮮半島や中国沿岸をおそう

・❶は沿岸地域の治安維持のため，❿を実施し，民間商人の対外貿易を禁止

→東アジア・東南アジアの諸国に⓬＿＿＿＿＿をよびかけ，対外貿易を⓬貿易に限定

・❽による❾の南海遠征も⓬をうながすことが目的

(2) 周辺地域との関係

・朝鮮半島…⓫を撃退した⓭＿＿＿＿＿が⓮＿＿＿＿＿を建国→明に朝貢

・日本…室町幕府の足利義満が⓯＿＿＿＿＿を開始して「日本国王」の称号をあたえられる

⇒15世紀はじめには，明と⓮・日本・琉球・東南アジア・西北アジア各国との間に⓰＿＿＿＿＿関係が結ばれる

③ 北虜南倭の脅威

(1) モンゴルの侵入←❽以降の対外政策の消極化

・モンゴルが貿易の拡大を求めて明に侵入(15世紀なかば以降)

→明は⓱＿＿＿＿＿を修築・延長，巨額の軍事費投入

(2) ⓫の活動が再び活発化(16世紀)

・日本人だけでなく中国人など多様な人々が参加

・❿をおかして密貿易に従事し，略奪をおこなう

⇒⓲＿＿＿＿＿は明の対外政策の基本である❿をゆるがす脅威に

問いのステップにチャレンジ

問❶ 洪武帝がめざした対内・対外の基本政策は何だろうか。次の表に整理してみよう。

対内政策	
対外政策	

問❷ 海禁と朝貢とは、どのような関係にあっただろうか。その表裏一体の関係に注目しながら説明しよう。

問❸ 北虜(モンゴル)と南倭(倭寇)は、どのような点で明の対外政策を脅かしたのだろうか。

(1) 右の地図(教 p.113図5)から、北虜(モンゴル)がおこなったことを具体的に二つ説明しよう。

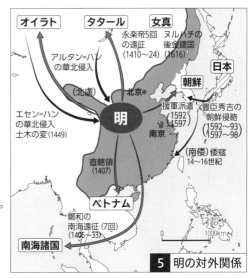

5 明の対外関係

(2) 右下の史料「倭寇と中国人」(教 p.113)では、南倭(倭寇)とはどのような人々だと説明しているだろう。簡単にまとめよう。

(3) (1)・(2)もふまえ、**問❸**への解答をまとめよう。

📖4 倭寇と中国人(鄭暁『今言』, 1566年)

　近年、東南地域の倭寇には、中国の人間が多い。腕力・胆力・知謀にすぐれた者がいても、しばしば賊となってしまう。……この連中は皆荒っぽく勇敢な者たちで、もともと出世の手段がなく、また生計を立てる道も乏しいため、かりにも不変の道徳心があるわけでもなければ、どうしてかろうじて生きているだけというような状況に満足するだろうか。欲望のままにふるまおうとすれば、必ず勢力を拡大しようとするものである。そういうわけで、(彼らは)身を隠して故郷を捨て、異民族の側につく。倭奴は華人の、華人は倭奴のたすけとなってたがいの手先となる。

28 明代の東アジア交易

学習課題

明の対外政策が変容するなかで東アジアの交易はどのように展開しただろうか。

ここがポイント

明にはどこから❶が流入しただろうか。

ここがポイント

❺はなぜ繁栄しただろうか。

ここがポイント

日本はどのようにアジアの貿易にかかわっただろうか。

1 明に流れる銀

(1) 高まる❶_____の需要

・❷_____の侵入を防ぐために軍事費が増大，巨額の❶が北方に集中

→国内の❶不足が深刻に→日本の❸_____で❶の採掘がはじまり(1526)，中国の需要にこたえて，日本からの❶の流入が急速に増加

(2) 明代後半の繁栄

・❶の流入→商業都市が繁栄し，江南地方では❹_____や絹織物などの産業が発展

2 交易ブームにわく東アジア・東南アジア

(1) ❺_____の繁栄

・尚氏による統一(15世紀はじめ)

→頻繁に明に朝貢し，陶磁器や絹織物など中国の物産を入手

→日本・朝鮮・東南アジア諸国との中継貿易で繁栄

(2) ヨーロッパ勢力の海域アジアへの参入

《ポルトガル》

・❻_____の居留権を明より獲得(1557)

・日本の❼_____で貿易開始(1571)

→中国の❹と日本の❶を交換して多くの利益

《スペイン》

・アメリカ大陸で採掘した❽_____をフィリピンに建設した❾_____に運び，中国の❹と交換

《オランダ》

・ジャワ島に❿_____を建設(1619)

(3) 明による⓫_____の緩和(1567ころ)

・⓬_____の危機をしのぎ，❷と和議を結んで交易に乗りだす

・⓫の緩和以降，ヨーロッパ勢力も明に❶をもたらす

(4) 日本の動向

・⓭_____による国内統一(16世紀末)

→領土の拡張をねらって二度にわたり⓮_____に侵攻

・⓯_____の開始

…東南アジアへ渡航する日本船に渡航許可状として⓭が朱印状を発給

→⓰_____も⓯を推進→東南アジア各地に日本町が形成

問いのステップにチャレンジ

問❶　明に流入した銀は，おもにどこからやってきたのだろうか。右の図（教 p.117図11）も見て，説明しよう。

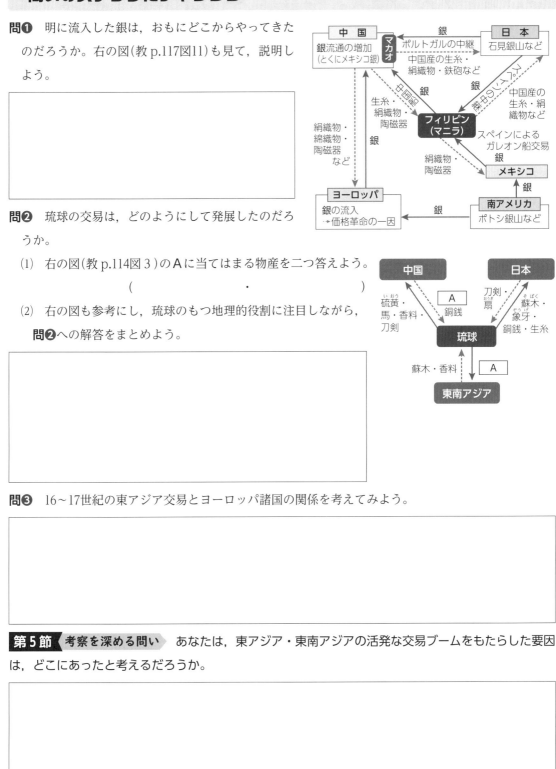

問❷　琉球の交易は，どのようにして発展したのだろうか。

（1）　右の図（教 p.114図 3 ）のAに当てはまる物産を二つ答えよう。

　　　　　（　　　　　　　・　　　　　　　）

（2）　右の図も参考にし，琉球のもつ地理的役割に注目しながら，問❷への解答をまとめよう。

問❸　16〜17世紀の東アジア交易とヨーロッパ諸国の関係を考えてみよう。

第 5 節 ◆考察を深める問い　あなたは，東アジア・東南アジアの活発な交易ブームをもたらした要因は，どこにあったと考えるだろうか。

スペイン・ポルトガルの海洋進出

❓節の問い

スペイン・ポルトガルは，なぜアフリカ・アジア方面やアメリカ大陸に向けて航海事業をすすめたのだろうか。

学習課題

スペインやポルトガルが構築した交易ネットワークは，それ以前のものとどうちがうだろうか。

ここがポイント

ヨーロッパがアジアの物産を求めたのはなぜだろうか。

ここがポイント

❺と❻の航路開拓には，どのような差異がみられるだろうか。

ここがポイント

中南米や⓯の植民地化は，ヨーロッパにどのような影響をもたらしただろうか。

1 海洋進出の背景

(1) イタリア諸都市の動向

・❶ ＿＿＿＿＿＿＿＿＿＿＿＿ の進出→地中海交易圏を浸食

・❷ ＿＿＿＿＿＿＿＿＿＿…アジアとの❸ ＿＿＿＿＿＿＿ 貿易を独占

・❹ ＿＿＿＿＿＿＿＿＿…西アフリカを拠点にサハラ以南と金の取引

→イタリア諸都市はイスラーム地域を経由せずに金や❸を直接取引する方法 求める

(2) イベリア半島の動向

・❺ ＿＿＿＿＿＿＿＿＿＿…王権強化。金の直接取引をめざしてアフリカ

進出→15世紀末にはギニア湾岸まで南下。アフリカでの交易独占

→アフリカ南端を確認(1488)。インド洋到達への見通し立てる

→イタリア諸都市の商人が財政面で支援

・❻ ＿＿＿＿＿＿＿＿＿…アラゴン王国とカスティリャ王国が統合(1479)

2 アジア航路の開拓

・❼ ＿＿＿＿＿＿＿＿＿＿＿(❹商人)…西へ航海しカリブ海のサンサルバドル島に到達(1492)←❻の支援

・❺…アフリカ南端経由でインドの❽ ＿＿＿＿＿＿＿＿＿ に到達(1498)

⇒2国の航路開拓によりアジア・ヨーロッパ・アメリカが直接海路で結びつけられる

3 16世紀のネットワーク

(1) ❺が築いたネットワーク

・インドの❾ ＿＿＿＿＿ やマラッカ，❿ ＿＿＿＿＿＿＿ などに拠点を確保

→アジア物産の独占的取引で利益を得るため

＝⓫ ＿＿＿＿＿＿＿＿＿ 布教の拠点ともなる

⇒既存のアジア域内交易に参入しアジア・ヨーロッパを結びつける

(2) ❻が築いたネットワーク

・中南米を植民地化し豊かな銀鉱山を開発

→ヨーロッパに大量の銀が流入＋人口増加⇒⓬ ＿＿＿＿＿＿＿＿＿

・大西洋貿易によりヨーロッパ経済の中心地がイタリア諸都市から大西洋沿岸へ移動(商業革命)→⓭ ＿＿＿＿＿＿＿ やアントウェルペンが繁栄

・⓮ ＿＿＿＿＿＿＿＿＿ 一行が世界周航を達成(1522)

・新たに⓯ ＿＿＿＿＿＿＿ を領有→太平洋航路確立

⇒諸地域が地球規模での貿易を通して深くつながるグローバル化のはじまり

問いのステップにチャレンジ

問❶ ポルトガルやスペインが航海事業をすすめたのはなぜだろうか。

(1) 下の史料「ヴァスコ＝ダ＝ガマの航海記」（教 p.118）を読み，空欄に当てはまる語を答えよう。

2 ヴァスコ＝ダ＝ガマの航海記(1498年)

…… 日曜日［5月20日］，カレクー［カリカット］の町を見下す，かつて見たこともないほど高い山の近くに来た。……モーロ人が彼にいった最初の挨拶の言葉はこうだ。お前さんは悪魔に食われちまえ，誰がここへ連れて来たんだ。そして，こんな遠くまではるばる何を探しに来たのかたずねた。そこで彼は，キリスト教徒と（　　　）を探しに来たと答えた。……

(林屋永吉他訳『航海の記録』岩波書店)

（　　　　　　　　　　　　　　　）

(2) (1)もふまえ，**問❶**への解答をまとめよう。

問❷ ポルトガルやスペインの活動によって，どのような貿易のつながりが生まれたのだろうか。

問❸ 16世紀後半の西ヨーロッパではどのような状況が生まれただろうか。

(1) 右の図（教 p.119図4）を見て，これについて説明した下の文中の空欄に当てはまる語を答えよう。

この図は，小麦価格の推移に見るヨーロッパ経済の変化を表したものである。地中海沿岸・北西ヨーロッパ・北東ヨーロッパでは，1530年ころから1600年ころにかけて小麦価格が急激に上昇していることが読み取れる。この状況を（A　　　　　　　　）という。この現象の背景には，アメリカ大陸から大量に流入した（B　　　　　　）と人口増加があると考えられる。

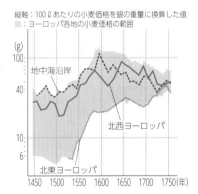

縦軸：100ℓあたりの小麦価格を銀の重量に換算した値
■：ヨーロッパ各地の小麦価格の範囲

(2) (1)もふまえ，**問❸**への解答をまとめよう。

30　アメリカ大陸の変容

ここがポイント

アメリカ大陸の古代文明が独自の発達をしたのはなぜだろうか。

1 古代文明

(1)　メソアメリカ文明圏

　…メキシコ高原や❶_____が中心

　・❶…❷_____繁栄(前1000年ころ〜)

　　→❸_____や高度な数学・天文学を用いた精密な暦を使用

　・メキシコ高原…❹_____成立(14世紀ころ)

　　…❺_____を都として発展

　　→精密な暦の使用，湖岸や湿地を利用した効率的な農業生産

(2)　アンデス文明圏

　・❻_____成立(15世紀)

　　…南北4,000km にわたる領域を中央集権的に支配

　　→都の❼_____を中心に道路網を整備→駅伝制の発達

　　→文字のかわりに❽_____(結縄)を使用

　　→灌漑施設の整った段々畑で作物栽培

(3)　アメリカ古代文明の共通項

　・王権と神が結びつき集権的支配実施

　・❾_____や車輪なし。❿_____や馬も存在せず

ここがポイント

少数の侵略者が短期間で❹や❻を征服できたのはなぜだろうか。

2 スペインによる支配

(1)　スペインによる征服…❹と❻に進出(16世紀前半)

　　→スペイン人がもちこんだ銃や鉄製の武器，馬(騎馬)にもとづく軍事技術，

　　⓫_____などにより短期間で征服される

　　⇒スペインは❹と❻の中央集権のしくみを利用しながら支配すすめる

(2)　植民地支配の完成

ここがポイント

先住民や⓮はどのような状況におかれただろうか。

　・スペイン…現地に副王をおき，国王の代理人が支配する植民地築く

　　→先住民を⓬_____化し保護するという名目で支配

　　→⓭_____などの銀山や農場で先住民を徴用

　　→疫病と過酷な労働で先住民人口は激減

　　⇒労働力不足を補うためアフリカから⓮_____がもたらされる

　・植民地社会…少数のスペイン人と先住民，⓮によって構成

　　→新たな社会層の誕生，先住民の伝統的宗教・文化を否定

　　⇒先住民の精神世界や社会が植民地のもとで再編される

　・ポルトガル…⓯_____を領有

　・⓰_____やフランス，オランダは北米やカリブ海地域に進出

問❶ アメリカ大陸の古代文明の特徴はどのようなものだろうか。メソアメリカ文明圏・アンデス文明圏のそれぞれの特徴と両文明圏の共通点を整理しよう。

メソアメリカ文明圏	
アンデス文明圏	
共通点	

問❷ スペインはどのようにアメリカ大陸を支配しただろうか。

(1) 下の史料「ラス゠カサスの見たスペインの植民地支配」(教 p.121) を読み，空欄に当てはまる語を答えよう。

6 ラス゠カサスの見たスペインの植民地支配

……（ A ）（先住民）は（ B ）……に分配されたが，その口実たるや，カトリックの信仰にかかわる事柄を（ A ）に教えこみ，彼らの魂を救済するためであり，その役目を総じて愚鈍かつ残忍で，欲深くかつ陋習に染まった（ B ）に一任することにしたのである。しかし，（ B ）が実際に（ A ）に対して行なった救済，あるいは，示した関心とは，男性を鉱山へ送りだして耐えがたい金採掘の労働に従事させることと，女性を……農場に閉じ込め，……土を掘り起こし，畑を耕す仕事に使役することであった。……

……鉱山で働く男性は苛酷な労働と飢えのために生命を落とし，……農場で働かされた女性も同じ運命を辿った。……

(ラス゠カサス著，染田秀藤訳『インディアスの破壊についての簡潔な報告』岩波書店)

A(   )   B(   )

(2) (1)もふまえ，**問❷**への解答をまとめよう。

問❸ ヨーロッパとの接触により，アメリカ大陸の社会はどのように変容しただろうか。

第6節 考察を深める問い　あなたは，アメリカ大陸の植民地化はその後のヨーロッパにどのような影響をあたえたと考えるだろうか。

諸帝国の繁栄／繁栄から没落へ

❓ 節の問い
近世の西アジアや南アジアの諸帝国の統治にはどのような特徴があるだろうか。

学習課題
西アジアや南アジアの諸帝国は，どのようにして広大な領土を支配することができたのだろうか。

ここがポイント
イスラームの諸帝国は，異教徒に対してどのように接したのだろうか。

ここがポイント
イスラームの諸帝国の兵制・官僚制はどのようなものだっただろうか。

学習課題
イスラーム世界が17世紀以降没落しはじめた要因はどのようなものだろうか。

ここがポイント
イスラーム諸帝国がヨーロッパにあたえた特権にはどのようなものがあっただろうか。

ここがポイント
イスラーム諸帝国が衰退した理由として，どのようなことが考えられるだろうか。

1 イスラーム諸帝国の勃興／皇帝権力の強大化

(1) 西アジアと南アジアの再編

- ❶＿＿＿＿＿＿＿＿＿＿＿…アナトリアに成立(13世紀末)
- ❷＿＿＿＿＿＿＿＿＿＿＿…中央アジアに成立(14世紀なかば)
- ❸＿＿＿＿＿＿＿＿＿＿＿…バーブルがインドに建設(16世紀はじめ)
- ❹＿＿＿＿＿＿＿＿＿＿＿…イランで成立(16世紀はじめ)

(2) 諸帝国の支配体制…強大な権力をもつ皇帝を中心に中央集権化を推進
　→他宗派や異教徒に対して融和的な姿勢…❶：異教徒に自治を認める❺
　＿＿＿＿＿＿＿＿制，❸：❻＿＿＿＿＿＿＿＿＿＿＿が異教徒の人頭税を廃止

2 兵制と官僚制／イスラーム諸帝国の膨張

(1) イスラーム諸帝国の兵制・官僚制

- ❼＿＿＿＿＿＿＿＿＿制をもとにした騎士兵団のほか，常備軍を整備
　→❶はキリスト教徒を改宗させた❽＿＿＿＿＿＿＿＿＿を設置
- 皇帝を頂点とする官僚制，行政・租税制度の整備すすむ

(2) イスラーム諸帝国の膨張

- ❶…❾＿＿＿＿＿＿＿＿＿＿＿＿のもとで最盛期
- ❹…❿＿＿＿＿＿＿＿＿＿＿＿のもとで最盛期
- ❸…宗派・異教徒に寛容な❻のもとで北インドとアフガニスタン支配

3 交易の発展／イスラーム諸帝国の没落／ヨーロッパ勢力の進出

(1) 海路と陸路でつながる一貫した交易路…地中海〜ペルシア湾〜インド洋

- ❶…⓫＿＿＿＿＿＿＿＿＿＿付与(対仏，のち英・蘭にも付与)
- ❹…アルメニア商人に特権付与→ヨーロッパやインドとの交易で活躍

(2) イスラーム諸帝国の没落

- ❷…⓬＿＿＿＿＿＿＿＿＿＿＿＿を中心に東西交易で繁栄→滅亡(16世紀初)
- ❸…イスラーム重視の政策へ→⓭＿＿＿＿＿＿＿＿＿＿＿が
　異教徒に不寛容な姿勢強化(人頭税復活)⇒非ムスリム勢力が離反
- ❹…アフガン人に⓮＿＿＿＿＿＿＿＿＿をうばわれ混乱・滅亡(18世紀)
- ❶…⓯＿＿＿＿＿＿＿＿＿に失敗(17世紀後半)
　→⓰＿＿＿＿＿＿＿＿＿条約でハンガリーを喪失→軍事的に劣勢へ

(3) ヨーロッパ勢力の進出

- 領事裁判権や⓫などの特権はヨーロッパの経済的進出の口実に
- ヨーロッパ勢力は各国の東インド会社を通じて❸に進出→英仏の対立激化
　⇒英がインド支配の基礎固める(18世紀なかば)→❸皇帝は権力喪失

問❶ モンゴル帝国の解体後, 西アジアや南アジアではどのような変化が生まれただろうか。

問❷ 史料3の書簡「ヨーロッパ人が見たオスマン帝国」(教 p.124)は, オスマン帝国のどのような点を評価しているだろうか。

問❸ 三つの帝国の統治について, どのような点が共通しているだろうか。

問❶ ムガル帝国の宗教政策はどのように変わっただろうか。教科書 p.124の内容もふまえて考えよう。

問❷ ヨーロッパ勢力はこの地域にどのように進出しただろうか。

問❸ 史料7の手紙「ベルニエの見た諸帝国」(教 p.127)は, 三つの帝国の共通点をどうとらえているだろうか。

第1節 考察を深める問い あなたは, なぜ, 近世の西アジアや南アジアではさまざまな宗教や民族が共存できたと考えるだろうか。

32 清の統治と国際秩序／東アジア・東南アジアの国家と社会

節の問い
近世の東アジアの国々には，どのようなちがいや共通点があるだろうか。

学習課題
明と比較して，清の統治と国際秩序にはどのような特徴があるだろうか。

ここがポイント
清が多くの漢人を支配することができたのはなぜだろうか。

ここがポイント
清と日本との貿易体制はどのように変化したのだろうか。

学習課題
東アジア・東南アジアの王朝国家の統治体制と社会の関係はどのようなものだっただろうか。

ここがポイント
清の経済発展がすすんだことで，社会にどのような変化が現れただろうか。

ここがポイント
日本が❶を採用したことで国内にどのような変化が現れただろうか。

1 清の中国征服／多民族統治の構造／清と対外交易

(1) 清の成立と内政

・女真人が清を建国(17世紀前半)→明が滅びると❶＿＿＿＿＿＿に都をおく

・❷＿＿＿＿＿＿…台湾の❸＿＿＿＿＿を屈服，華南の反乱を平定

・❹＿＿＿＿＿の実施，高官に満洲人と漢人を同数任命

　⇔❺＿＿＿＿＿を強制，対清批判の言論・思想を弾圧

(2) 清の多民族支配

・❷・雍正帝・❻＿＿＿＿＿＿の時代に最盛期

→遊牧帝国の❼＿＿＿＿＿＿＿を滅ぼす

→❽＿＿＿＿＿条約やキャフタ条約でロシアとの国境を画定

⇒朝鮮・ベトナムなどは朝貢国に。日本は民間レベルで交易(❾＿＿＿＿)

・清は直轄地と❿＿＿＿＿に分けられる

→清の皇帝は支配地域に応じて統治者の顔を使い分けて統治

(3) 対外交易…海禁政策を解除(17世紀後半)→日本側は貿易制限に転じる

→東南アジアと交易が密接に→⓫＿＿＿＿＿の出現

→❻…欧米船の来航を⓬＿＿＿＿一港に制限(広東貿易)

2 清の国家と社会／朝鮮の国家と社会

(1) 清の国家と社会…農業技術向上と銀の流入により経済発展つづく

・環境破壊と人口爆発→商業や手工業への参入，国外への流出

・朱子学にもとづく父系の血縁親族集団(⓭＿＿＿＿)の結束強化

(2) 朝鮮の国家と社会

・⓮＿＿＿＿＿が支配階級となり国家を運営→⓭の形成すすむ

→清を宗主国としつつも朱子学にもとづく⓯＿＿＿＿＿思想が誕生

・江戸幕府とは⓰＿＿＿＿藩を介して交易→日本人は釜山の倭館に居住

3 日本の国家と社会／東南アジア地域の動向

(1) 日本の国家と社会

・「⓱＿＿＿＿」の徹底(18世紀)…日本人の海外渡航の禁止など

・農地拡大の限界…集約農法の加速，⓲＿＿＿＿＿の生産さかん

・⓳＿＿＿＿＿の成立。日本を「中華」とする⓯思想もめばえる

(2) 東南アジア地域の動向

・⓴＿＿＿＿＿朝(ビルマ)，ラタナコーシン朝(タイ)，阮朝(ベトナム)成立(18世紀なかごろ〜19世紀はじめ)→現国境の大枠形成

・植民地化…オランダがジャワのバタヴィアを拠点に活動

問❶ 清の直轄地・藩部・朝貢国・互市のちがいは何だろうか。

問❷ 清の皇帝はなぜ「多様な顔」をもっていたのだろうか。

問❸ 清の時代，中国の対外関係や交易の特徴は何だろうか。

- -

問❶ この時期，各国はどのような政治・経済・外交政策をおこなっただろうか。東アジアの国々に着目して答えよう。

問❷ 各国はどうして(小)中華意識にこだわるのだろうか。

問❸ **問❶**の政策と**問❷**の中華意識はどのような関係にあるだろうか。

第2節 ◀考察を深める問い▶ あなたは，なぜ，近世の東アジアでは各国とも統制的な対外政策をとったと考えるだろうか。

33 宗教改革と宗教戦争

？ 節の問い
近世ヨーロッパ社会にはどのような特徴があるだろうか。

学習課題
宗教改革によって，宗教と国家の関係はどのように変化しただろうか。

ここがポイント
❶は宗教改革にどのような影響をあたえただろうか。

① 宗教改革のはじまりと宗派化

(1)　宗教改革のはじまり

《中世末期以降》…ローマ＝カトリック教会と神聖ローマ帝国の衰退

・❶_____による世界観の問い直しが教会の矛盾に向けられる

・❷_____の教会批判を機に宗教改革はじまる(神聖ローマ帝国)

　→皇帝と対立する諸侯が❷を支持→帝国中を巻きこむ戦乱へ

　⇒❸_____(1555)で妥協

　　…諸侯や都市に対しカトリックと❷派のいずれかの選択を認める

・❹_____の改革運動(スイス)

　→商工業者を中心にヨーロッパ各地に拡大

・イギリス…国王が自ら❺_____(首長法)を発布

　→カトリックから独立→❻_____の成立

　⇒カトリックから分離独立した諸教派…❼_____

(2)　カトリックの対応

・教皇の権威と教義の正統性を再確認→❼と対抗

　→❽_____はアジアや中南米に宣教師を派遣

② 宗教戦争の拡大

ここがポイント
❾戦争で，イギリスがオランダを支援した理由は何だろうか。

・スペイン領ネーデルラント…スペイン国王がカトリック化政策を推進

　→❹派が❾_____戦争を開始

　→イギリスの❿_____がオランダを支援しスペインの⓫_____を撃破→❻を確立

・フランス…カトリックと❹派が対立→⓬_____

　⇒⓭_____(1598)で終結

③ 三十年戦争

・神聖ローマ帝国領内で❼の反乱→当初は宗教対立

　→⓮_____家と反皇帝勢力との政治的対立へと変化

　→周辺諸国も参戦して長期化(三十年戦争)

　→宗教より国家の利益が優先される戦争へと変化

ここがポイント
⓯条約ではどのようなことが定められただろうか。

・⓯_____条約締結(1648)

　→❸の内容を再確認・❹派を承認

　→神聖ローマ帝国の各領邦に主権が認められる＝帝国は名ばかりの存在に

　→⓰_____とスイスの独立を正式に承認

　⇒ヨーロッパ各国は国家による領域と教会組織の一元的支配強める

問❶ 宗教改革によって，新たに生まれた宗派にはどのようなものがあるだろうか。教科書 p.139の地図 4「16世紀後半の西ヨーロッパの宗教分布」も参考に宗派化の動きがおこった地域別に整理しよう。

神聖ローマ帝国	
スイス	
イギリス	

問❷ 史料 6「国王至上法」・史料 7「ナントの王令」(教 p.139)について，これらの信教に関する法令でどのようなことが決められたのだろうか。

(1) 下の史料を読み，空欄に当てはまる語を答えよう。

6 国王至上法(首長法，1534 年)

　国王陛下は，……（　A　）の最高首長であり，……本議会の権限により以下のように制定する。
　われらの統治者たる現国王およびその後継者として王位に就く国王たちは，……（　A　）の地上における唯一の最高首長と解され，認められるものとする。……

(『世界史史料 5』岩波書店)

7 ナントの王令(1598 年)

第1条　1585年 3 月の初めより余が即位するまで，さらにこれに先立つ争乱の間に起こったすべての出来事に関する記憶は，双方とも，起こらなかったこととして消し去り，鎮めること。……

第27条　……いわゆる（　B　）信仰を表明する者は誰でも，……いかなる誓約があろうとも，余の王国，余に服する地方，領地，所領における王，領主，都市のいかなる地位，要職，官職，公務であれ，これを保持し行使し，また差別されることなく受け入れられる……。

(『世界史史料 5』岩波書店)

A（　　　　　　　　　）　B（　　　　　　　　　）

(2) (1)もふまえ，**問❷**への解答をまとめよう。

問❸ フランスはどのような立場で三十年戦争に参加しただろうか。

34 主権国家体制の形成とヨーロッパ諸国の抗争

1 主権国家体制の形成

《ヨーロッパの国際関係》…❶ ＿＿＿＿＿＿＿＿＿＿＿（15世紀末）から宗

教改革を経て三十年戦争（17世紀なかば）に至るまでに複雑に変化

→各国は軍事力と戦費調達能力を強化するなかで領域を画定，財政・徴税制

度を整備

⇒❷ ＿＿＿＿＿＿＿＿＿＿＿条約により宗派や国の規模が異なる

諸国家が対等にならび立つ国際秩序（❸ ＿＿＿＿＿＿＿＿＿＿＿）が形成

→中世からつづく職能や地縁による諸集団と対立・協調しながら王権強化

2 オランダの繁栄

《背景》バルト海貿易で繁栄→アジア・アメリカ大陸へ進出（17世紀前半）

・宗教的に寛容で多くの商人を受け入れ＝多様な地域の商業ネットワーク

→首都❹ ＿＿＿＿＿＿＿＿＿＿＿が国際金融の中心地に

・❺ ＿＿＿＿＿＿＿＿＿との戦争に敗北（17世紀後半）

⇔金融・情報分野では力を維持→自国への投資少⇒経済的地位低下

3 英仏の主権の確立と抗争

《英仏の経済政策》…❻ ＿＿＿＿＿＿＿＿＿＿政策を採用

(1) イギリスの動向

・❼ ＿＿＿＿＿＿＿＿樹立（国王と議会の間で内乱）→まもなく王政復活

→親カトリックの国王が再び議会と対立

→議会はオランダから新国王をむかえ❽ ＿＿＿＿＿＿＿制定（1689）

⇒議会主導で❾ ＿＿＿＿＿＿＿＿＿が確立

(2) フランスの動向

・❿ ＿＿＿＿＿＿＿＿＿＿（在位1643〜1715）…王権神授説を信奉

→官僚制と常備軍を整備→周辺諸国へのたび重なる侵略戦争で財政悪化

⇒18世紀を通じて展開された英仏間の争い＝⓫ ＿＿＿＿＿＿＿＿＿

4 東ヨーロッパの国家の台頭

・西ヨーロッパにおける経済成長→穀物需要の高まり

→東ヨーロッパで⓬ ＿＿＿＿＿＿＿強化

・ロシアと新興国⓭ ＿＿＿＿＿＿＿＿＿が台頭（18世紀）

→オーストリアとならぶ強国に

・啓蒙専制君主の出現…啓蒙思想を取り入れて進歩的な君主を装いながら富国

強兵を目的とした君主主導の改革すすめる→⓭の⓮ ＿＿＿＿＿

・ロシアの⓯ ＿＿＿＿

問❶ 17世紀前半にオランダが経済的に繁栄した理由は何だろうか。

(1) 右の絵画の作者名と作品名を答えよう。

作者名（　　　　　　　　　　　）

作品名（　　　　　　　　　　　）

(2) 右の絵画を注文したのはどのような層だろうか。

（　　　　　　　　　　　　　）

(3) 繁栄の背景にも注目しながら**問❶**への解答をまとめよう。

（空欄）

問❷ イギリス・フランスではどのような国家が成立しただろうか。次の表に整理しよう。

イギリス	
フランス	

問❸ 史料5「フリードリヒ2世の遺訓」（教 p.141）で「啓蒙」的な側面と「専制」的な側面はどこだろうか。

「啓蒙」的な側面	
「専制」的な側面	

第3節 ◆考察を深める問い▷ あなたは，主権国家が登場したことは同時代の国際秩序にどのような影響をあたえたと考えるだろうか。

（空欄）

35 大西洋三角貿易の展開

❓節の問い

大西洋三角貿易は，なぜこの時期にはじまり，どのように発達したのだろうか。

1 財政軍事国家の確立と植民地獲得競争

(1)　18世紀の英仏間の対立…植民地と世界商業の主導権をめぐり戦争状態

　　→主戦場は北米大陸やインド

　　⇒イギリスは❶＿＿＿＿＿＿＿＿＿＿＿でインド支配の基礎を固める

　　→北米大陸でもフランスを撃破→❷＿＿＿＿＿＿＿＿＿締結(1763)

　　→カナダとミシシッピ川以東のルイジアナ獲得⇒最初の植民地帝国築く

(2)　イギリスの優位

　　…大規模な海軍艦船を建造，世界中で展開する軍事力，豊富な資金力

　　→❸＿＿＿＿＿＿＿＿＿＿＿＿が政府の借用証書(国債)を引き受け

　　→信用力が高まり国内外から資金が流入→軍事費の充実

　　⇒17世紀末の財政革命により「❹＿＿＿＿＿＿＿＿＿＿＿」が確立

　　→戦後に英仏両国が財政危機＝アメリカ独立革命・フランス革命の遠因に

2 奴隷貿易の展開とモノカルチャー経済

(1)　大西洋三角貿易

　　・イギリス…大西洋三角貿易とその中核の❺＿＿＿＿＿＿貿易で多額の利益

　　　：イギリス→西アフリカ…❻＿＿＿＿＿やインド産綿織物

　　　　西アフリカ→カリブ海・アメリカ大陸…❺

　　　　カリブ海・アメリカ大陸→イギリス…❼＿＿＿＿＿や綿花・タバコ

　　→アメリカ大陸の植民地はイギリス製品の新たな❽＿＿＿＿＿に

　　→綿花やインディゴ(藍)のような工業原料の❾＿＿＿＿＿にも

　　⇒広大な植民地帝国と国際的な通商網の確立

　　⇒世界で最初の❿＿＿＿＿＿＿＿がおこる基盤に

(2)　❺貿易の拡大

　　・北米南部からカリブ海地域の植民地…ヨーロッパ市場向けの作物を生産

　　　→❼・タバコ・コーヒーなどの単一の商品作物を生産する⓫＿＿＿＿

　　　　＿＿＿＿＿＿＿＿＿と大農園(⓬＿＿＿

　　　　＿＿＿＿＿＿)が発達

　　・❼などの需要がヨーロッパで高まる(17〜18世紀)

　　　→❺貿易の拡大

　　　→アフリカからアメリカ大陸の「⓭＿＿＿＿＿＿＿」などで死亡者増大

　　　→労働力がうばわれたアフリカ社会は荒廃，❺狩りに依存する⓮＿＿＿

　　　　＿＿＿＿＿＿＿やベニンなどの国家出現

　　　⇒戦乱が絶えずアフリカの経済発展を妨げる原因に

ここがポイント

イギリスが多額の資金を集めることができた理由として，どのようなことが考えられるだろうか。

ここがポイント

イギリスにとって，アメリカ大陸の植民地はどのような存在意義をもっていたのだろうか。

ここがポイント

❺貿易はアフリカ社会にどのような影響をもたらしただろうか。

問いのステップにチャレンジ

問❶ イギリスはどのようにして軍事費を調達したのだろうか。

問❷ 大西洋三角貿易で何が取引されたのだろうか。教科書 p.144の図4も参考にして説明しよう。

問❸ 最大の奴隷輸入地域はどこだろうか。右の地図（教 p.145図5）を見て答えよう。

(　　　　　　　　　)

5 大西洋奴隷貿易の出発地域と経路

第4節 考察を深める問い　あなたは，大西洋三角貿易が両岸諸地域の人々の生活にどのような変化をもたらしたと考えるだろうか。地域ごとに整理しよう。

アフリカ	
アメリカ大陸	
イギリス	

36 科学革命と啓蒙思想

❓節の問い
科学革命や啓蒙思想の発展は当時の社会をどのように変えたのだろうか。

ここがポイント
❷やカフェでは，人々にどのような情報がもたらされたのだろうか。

ここがポイント
この時代における自然科学の発展にはどのようなものがあっただろうか。

ここがポイント
啓蒙思想がのちの社会にあたえた影響として，どのようなことが考えられるだろうか。

1 海外貿易と新しい生活文化の誕生

《17〜18世紀のヨーロッパ》

・国王や貴族の保護を受けた宮廷文化が開花

・都市を中心に新しい生活文化誕生

　→世界商業の展開にともないアジア・アメリカ大陸から綿織物や❶＿＿＿＿＿＿＿・コーヒー・砂糖などが流入

　→❷＿＿＿＿＿＿＿＿＿＿＿＿＿＿やカフェに世界の情報が集結

　⇒新聞・銀行・海上保険・証券取引や政党・文学など近代を支える多くの制度や文化が誕生

2 科学革命の展開

《世界商業の展開→各地の文物に関する多様な情報》⇒新たな思潮生まれる

・❸＿＿＿＿＿＿＿＿…観察や実験を通じて自然の法則を見いだそうとする学問

・❹＿＿＿＿＿＿＿＿＿＿の力学(17世紀後半)…あらゆる自然現象を運動として法則的に説明しようとする学問⇒近代科学の基礎

・❺＿＿＿＿＿＿＿＿の発明により生物学や医学も飛躍的に発展

⇒自然科学の画期的な発展＝❻＿＿＿＿＿＿＿＿＿＿

3 啓蒙思想の広まりと自由主義

(1) 自然法の誕生

　・自然法の考え…人間の理性で社会のあるべき不変の秩序を見つめる

　　→❼＿＿＿＿＿＿＿＿＿＿＿の誕生⇔王権神授説に対抗。社会は自由で平等な個人の契約によってつくられたとする

　　→イギリスの❽＿＿＿＿＿＿＿やフランスの❾＿＿＿＿＿＿らが代表

(2) 啓蒙思想の誕生

　・啓蒙思想…18世紀のフランスで誕生

　　→迷信や無知，不公正を批判し合理的な社会のあり方をめざす

　　→❿＿＿＿＿＿＿＿＿＿＿＿…三権分立の必要性を提唱

　　→❾…❼をもとに人間の自由・平等や⓫＿＿＿＿＿＿主権を提唱

　⇒⓬＿＿＿＿＿＿＿＿＿革命やフランス革命に影響

(3) 経済的自由主義の誕生

　・重商主義政策への批判

　　…フランスのケネーやイギリスの⓭＿＿＿＿＿＿＿＿＿＿ら

　　→国家による貿易・経済への統制を批判→⓮＿＿＿＿＿＿＿を主張

　　⇒新興の貿易商や実業家の支持を集めて19世紀の支配的な思潮に

問❶ 近代科学の生まれた背景は何だろうか。

問❷ 史料7「ジョン＝ロック『統治二論』」(教 p.147)によれば、「新しい立法府」の設置とは、どのような政治体制を意味し、実際にイギリスでは何がおこったのだろうか。

📖7 ジョン＝ロック『統治二論』 (1690年)

……もし立法府が、……人民の生命、(**A**)および財産に対する絶対権力を、自分の手に握ろうとし、または誰か他の者の手に与えようとするならば、この信任違反によって、彼らは、人民が、それとは全く正反対の目的のために彼らの手中に与えた権力を没収され、それは人民の手に戻るようになる。人民は、その本来の自由を回復し、……新しい立法府を設置することによって、彼らが社会を作った目的である自分自身の(**B**)と保障の備えをするのである。……

(『世界史史料5』岩波書店)

(1) 史料を読み、空欄に当てはまる語を答えよう。

A (   )   B (   )

(2) 教科書 p.141の内容も参考にして**問❷**への解答をまとめよう。

問❸ 経済的自由主義を支持したのは誰だろうか。

第5節 〈考察を深める問い〉 あなたは、この時期の自然科学におけるさまざまな発見や、新しく生まれた思想のなかで、後世にもっとも大きな影響をあたえたものは何だったと考えるだろうか。

37 編末問題 ❷

1 西アジア社会の動向とアフリカ・アジアへのイスラームの伝播について述べた次の文章を読み，下の問いに答えよ。

アッバース朝カリフの権威が衰退すると，10世紀にチュニジアからおこった（　A　）派のファーティマ朝の君主がカリフを名乗り，これに呼応したイベリア半島の（　B　）朝の君主もカリフを自称した。アッバース朝は，バグダードに入城した①ブワイフ朝の君主に（　C　）の称号をあたえ，11世紀なかばには，ブワイフ朝を倒した（　D　）朝のトゥグリル＝ベクにスルタンの称号をあたえた。

9世紀以降，イスラーム世界におけるトルコ人の役割が増大した。10世紀末にサーマーン朝を滅ぼした（　E　）朝や，アッバース朝滅亡後にカイロにカリフを擁立した（　F　）朝もトルコ系王朝である。また，②アフガニスタンに成立し，北インドに侵入したトルコ系王朝も現れた。イスラーム世界の拡大には，③ムスリム商人のはたした役割も大きく，交易を通して，各地にイスラーム文化が伝えられた。

問1 文章中の空欄（　A　）〜（　F　）に入る語を答えよ。 知・技

A		B		C	
D		E		F	

問2 下線部①の王朝の時代に成立した官僚や軍人への給与制度について簡潔に説明せよ。 思・判・表

問3 下線部②について，この説明に当てはまる王朝の名称を答えよ。 知・技 （　　　　　　　　　　　）

問4 下線部③に関連して述べた文として適当でないものを，次のa〜dより一つ選び，記号で答えよ。 知・技

a　アフリカでは，ムスリムの隊商によって金と岩塩を交換する交易がおこなわれていた。

b　彼らが交易の拠点としたアフリカ大陸西岸では，アラビア語を中核とした文化が栄えた。

c　交易の進展により，14世紀後半以降，東南アジアでもムスリムを君主とする王国が成立した。

d　インドなどでは，彼らと行動をともにした神秘主義集団も，当地のイスラーム化に貢献した。

2 次の①〜⑤の文の下線部が正しければ○，誤っていれば適語を記入せよ。 知・技

①11世紀以降，ノルマン人は地中海にも進出し，シチリア王国を建国した。

②11世紀以降，教皇のよびかけで東方植民がはじまり，物資の輸送を担ったイタリア諸都市が繁栄した。

③14世紀初頭，フランス王権の圧力によって教皇庁はローマからブリュージュに移された。

④カペー朝が断絶すると，イギリス王がフランス王位継承権を主張し，バラ戦争がはじまった。

⑤神聖ローマ帝国では，皇帝不在の状況を解消するために金印勅書がだされた。

①		②		③	
④		⑤			

③ 10世紀以降の東部ユーラシアについて述べた次の文章を読み，下の問いに答えよ。

10世紀はじめ，モンゴル高原東部では，諸集団に分かれていた契丹を（　A　）が統合した。契丹は勢力を拡大し，華北のトルコ系王朝の建国を援助した代償に（　B　）を獲得した。11世紀なかばには黄河上流域でタングートによって西夏が，12世紀初頭には女真によって（　C　）が建国された。

10世紀後半に中国を再び統一した宋は，官僚制を整備し，皇帝があらゆる最終決定をおこなう君主独裁制のしくみを確立させた。また，外交面では，①北の契丹，西北の西夏とは盟約を結んだものの，つねに国境付近には大量の軍事力を備える必要があったため，都の（　D　）と江南を結ぶ大運河や軍事前線への②物流ルートが整備された。

モンゴル高原では，12世紀末にモンゴル部のテムジン（チンギス＝ハン）が急速に勢力を拡大し，モンゴル高原を統一した。モンゴルは，③各地に遠征して勢力を広げ，ユーラシアの大部分を支配してそれまでの諸地域の交易網を連結し，④ユーラシア規模の通商・交易圏をつくりあげた。

問1　文章中の空欄（　A　）〜（　D　）に入る語を答えよ。知・技

A		B		C	
D					

問2　契丹・西夏・（　C　）は，遊牧・狩猟民や農耕民などの支配対象に応じた多元的で柔軟な統治体制を築いたが，このような国家を何というか答えよ。知・技　　　　　（　　　　　　　　　　　　）

問3　下線部①について，契丹と北宋との間で1004年に締結された盟約を何というか答えよ。知・技

（　　　　　　　　　　　　）

問4　下線部②に関連して，宋代の社会経済について説明した次の文ア・イの正誤の組み合わせとして正しいものを，下のa〜dより一つ選び，記号で答えよ。思・判・表

ア　長江下流域では，干拓・水利事業が発展し，南宋のころには「蘇湖熟すれば天下足る」と称されるほどの穀倉地帯となった。

イ　火薬生産に用いる原料として，日本や東南アジア，西アジアから大量の鉄が輸入された。

a　アー正　　イー正　　　b　アー正　　イー誤

c　アー誤　　イー正　　　d　アー誤　　イー誤

問5　下線部③に関連して，モンゴルの拡大について述べた文として正しいものを，次のa〜dよりすべて選び，記号で答えよ。思・判・表

a　フビライは，都を臨安にうつして国号を大元ウルス（元）とした。

b　モンゴルは，朝鮮半島の高麗を服属させ，南方の大理を滅ぼし，南宋に攻め入った。

c　チンギスは，西方のカラ＝ハン朝を滅ぼし，ホラズム朝を事実上崩壊させた。

d　モンゴルの遠征軍は西アジアにも進出し，イランではフレグ＝ウルスが成立した。

問6　下線部④に関連して，右の写真で示されているものの名称と用途を簡潔に説明せよ。思・判・表

④ 次の①〜⑤の文の下線部が正しければ○，誤っていれば適語を記入せよ。 知・技

①<u>ヴェネツィア</u>商人のコロンブスは，スペインの支援を受けて西へ航海した。

②アラゴン王国とカスティリャ王国が統合されたことで，<u>ポルトガル</u>が新たに誕生した。

③大西洋貿易の開始で，ヨーロッパ経済の中心はネーデルラントの<u>アントウェルペン</u>などに移動した。

④メソアメリカ文明圏では，前1000年ころからユカタン半島を中心に<u>アステカ王国</u>が栄えた。

⑤ポルトガルが領有した<u>西インド諸島</u>を除いて，中南米のほとんどがスペインの植民地となった。

①		②		③	
④		⑤			

⑤ 明・清を中心とする東アジアの動向について述べた文章Ⅰ〜Ⅲを読み，下の問いに答えよ。

Ⅰ 明では，洪武帝の死後に即位した（　A　）が，都を北京にうつした。彼は大規模な対外遠征をおこない，さらに宦官の（　B　）に①<u>南海遠征</u>を命じた。明には，14世紀に朝鮮を建国した（　C　）や日本の室町幕府の将軍（　D　）らが朝貢し，明と周辺諸国との間で冊封関係が結ばれた。

Ⅱ 女真は，17世紀前半に清を建国した後，内モンゴルと朝鮮を服属させた。康熙帝の時代には中国支配を完成させ，つづく（　E　）・乾隆帝の時代に清は最盛期となった。この時代に，遊牧帝国として繁栄していたジュンガルを滅ぼし，ネルチンスク条約と（　F　）条約を結んでロシアとの国境を画定した。

Ⅲ 明の洪武帝は，儒学を重んじ，②<u>全国の土地や人口を調査</u>するとともに，地方の徴税業務や治安維持をはかるために里甲制を整備した。③<u>清の領域は，すべてが同じ制度によって支配されていたのではなく，おもに漢人が居住し清が直接統治する直轄地</u>と，清が間接統治する藩部に分かれていた。

問1 文章中の空欄（　A　）〜（　F　）に入る語を答えよ。 知・技

A		B		C	
D		E		F	

問2 下線部①に関連して，アユタヤやジャワの攻勢に備えるため，（　B　）が訪問した時に明の朝貢国となった東南アジアの国を答えよ。 知・技　　　　　　（　　　　　　　　　　　　）

問3 下線部②に関連して，この時つくられた土地台帳を何というか答えよ。 知・技

（　　　　　　　　　　　　）

問4 下線部③に関連して，右の写真は何がおこなわれているようすを描いたものか簡潔に答えよ。 思・判・表

（　　　　　　　　　　　　　　　　　　　　）

問5 下線部③に関連して，清の皇帝が支配地域に対してもっていた「多様な顔」について説明した次の文ア・イの正誤の組み合わせとして正しいものを，下のa〜dより一つ選び，記号で答えよ。 思・判・表

ア 満洲・新疆に対してはハンとしてふるまった。

イ モンゴルやチベットに対してはイスラームの保護者としてふるまった。

a アー正　イー正　　　b アー正　イー誤

c アー誤　イー正　　　d アー誤　イー誤

6 次の史料は，フランスの旅行家が17世紀に著した記録である。これを読み，下の問いに答えよ。

> ①トルコ，②ペルシア，③ヒンドゥスターンという三つの国家は，土地資産と所有権に関して，揃いも揃って，私のものやお前のものを無くしてしまいましたが，これこそは世の中でありとあらゆる美しいもの，良いものの基なので，三国は互いによく似た状態になるほかはありません。三国は共通の欠点を持ち，遅かれ早かれ，その当然の結果である同じ不幸な事態に，必然的に陥らざるを得ません。すなわち暴政と崩壊と荒廃です。……

問1 下線部①〜③は，具体的にどの国家をさしているかそれぞれ答えよ。 思・判・表

①		②		③	

問2 この史料に関連して，三つの国家について述べた文として誤っているものを，次のa〜dよりすべて選び，記号で答えよ。 思・判・表

　a　①・③の国家ではシーア派が，②の国家ではスンナ派が信仰された。

　b　史料によれば，三国とも，土地の私有を認めず，土地全体を君主が所有していたことがわかる。

　c　皇帝の権力を支えたのは，どの帝国においても組織化された兵制と官僚制であり，①の国家では，キリスト教徒を改宗させた常備歩兵部隊が存在した。

　d　海路と陸路の両面で三つの帝国はつながっており，一貫した交易路が開かれていた。イギリスと同盟した②の国は，イギリス人商人に特権をあたえた。

7 16世紀以降のヨーロッパ諸国について述べた文章Ⅰ・Ⅱを読み，下の問いに答えよ。

Ⅰ　ドイツでは，神聖ローマ帝国領内のプロテスタントの反乱から三十年戦争がはじまった。1648年に結ばれた（　A　）条約では，①宗派や国の規模が異なる諸国家が外交政策をおこなうことが制度化され，諸国家が対等にならび立つ国際秩序が形成された。

Ⅱ　イギリス・フランスは，（　B　）の経済的覇権に対抗するため，②重商主義政策を採用した。両国は，18世紀を通じて断続的に戦争状態にあった。やがて，フランスを破って北米に植民地を獲得したイギリスは，③大西洋三角貿易によって多くの利益を得た。また，この時期には，世界商業の展開にともない，各地の文物に関する多様な情報が入るにつれて，④新たな思潮が誕生した。

問1 文章中の空欄（　A　）・（　B　）に入る語を答えよ。 知・技

A		B	

問2 下線部①について，このような国際秩序を何というか答えよ。 知・技 （　　　　　　　　　　　）

問3 下線部②について，この政策の内容を20字程度で簡潔に説明せよ。 思・判・表

問4 下線部③において，アフリカがはたした役割について，40字程度で簡潔に説明せよ。 思・判・表

問5 下線部④について，新たな思潮と人物の組み合わせとして正しいものを，次のa〜dより一つ選び，記号で答えよ。 知・技

　a　『統治二論』―人物：ルソー　　　　b　自由競争―人物：ロック

　c　三権分立―人物：モンテスキュー　　d　科学革命―人物：ケネー

産業革命の展開

18世紀から19世紀にかけて，なぜ環大西洋地域において，政治・経済・社会上の変化が連鎖的におこったのだろうか。

学習課題

なぜ，綿工業から産業革命ははじまったのだろうか。

ここがポイント

イギリス産業革命は，どのような背景のもとで展開されたのだろうか。

ここがポイント

新しい製鉄法の開発と，蒸気機関の改良とを起点にして，イギリス産業革命は，その後どのように展開していったのだろうか。

1 世界で最初のイギリス産業革命

・❶＿＿＿＿＿＿＿＿＿＿＿＿＿＿＿＿→アジアの物産を輸入して収益

　インド産の綿織物（❷＿＿＿＿＿＿＿＿）…洗濯可能・着心地良好

　：ヨーロッパ上中流階級で人気→輸入・使用禁止の法律→効果なし

　　❸＿＿＿＿＿＿＿＿＿の交易品として西アフリカでも人気

・イギリス国内で綿織物の生産開始

　→インド綿布との価格競争に勝つため，工程を機械化して値段を下げる必要

　　→この過程で❹＿＿＿＿＿＿＿を通じてさまざまな機械の発明

　　　┃　　＋西インド諸島・北米植民地南部から安価な❺＿＿＿＿＿の輸入

　イギリス産綿糸・綿布の生産費低下

　→イギリス産綿製品＝❻＿＿＿＿＿＿＿のある商品へ

　→海外市場に大量輸出→綿製品の輸出入面でのインドとイギリスの地位逆転

　→世界で最初の❼＿＿＿＿＿＿＿＿＿に成功

　＝イギリス産業革命

2 エネルギー革命と環境破壊問題

《16世紀〜》イギリスでは食料確保や軍艦・商船の建造，燃料としての木炭生産

　のため，「森林の枯渇」とよばれる環境破壊おこる

《18世紀初》コークス製鉄法→木炭から石炭へ，燃料・エネルギーの転換→産業

　革命＝豊富な国産石炭を有効活用した❽＿＿＿＿＿＿＿＿

(1)　産業革命の広がり

　・炭鉱排水用の❾＿＿＿＿＿…❿＿＿＿＿＿が改良

　　→工場の動力源を，自然の力から蒸気力へと変える

　・鉄と石炭の大量消費…輸送手段の発展を促進→有料道路・運河の建設

　・⓫＿＿＿＿＿＿＿＿＿＿＿による蒸気機関車の実用化(1825)

　　→⓬＿＿＿＿時代開始(1840年代に主要都市を結ぶ幹線⓬の完成)

　・⓭＿＿＿＿＿の実用化(1807)

　⇒鉄工業や機械工業の発展→産業革命のさらなる広がり

(2)　環境破壊問題

　・❾の普及→過剰な森林伐採にはどめをかける

　　┃

　　煤煙による⓮＿＿＿＿＿・都市化進展による⓯＿＿＿

　　→新たな環境破壊←⓰＿＿＿＿＿＿＿＿＿＿が

　　　組織（＝世界初の民間による自然保護団体）

問❶ なぜキャラコは人気があったのだろうか。本文や教科書 p.152 の図 1「キャラコ・ブーム」とその解説なども見ながら説明しよう。

問❷ 木材と石炭のどちらが高価だったのだろうか。

(1) 右の図（教 p.153 図 6）を見て，木材実質価格と石炭実質価格は A・B のどちらか，それぞれ答えよう。

木材実質価格（　　　　　）

石炭実質価格（　　　　　）

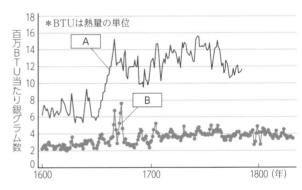

*BTU は熱量の単位

(2) 木材と石炭の価格にはどのような差があったのだろうか。また，それらにはいつ，どのような変化が生じたのか，理由を明らかにしつつ，答えよう。

問❸ 石炭の導入は何をもたらしたのだろうか。

(1) イギリス産業革命において，石炭はどのように活用されたのだろうか。次の文章中の空欄に当てはまる語句を答えよう。

18世紀はじめに開発された（a　　　　　　　　　　　　　　　）は石炭を用いて高純度の銑鉄をつくる方法であり，これにより木炭から石炭へと燃料と（b　　　　　　　　　）の転換がおこった。また，炭鉱の排水用に使用されていた（c　　　　　　　　）が改良され，工場の動力源が自然の力から（d　　　　　　　）に変わったが，石炭の燃焼力がこの新しい（　c　）を支えた。

(2) 鉄と石炭の大量消費は何をうながし，それはイギリス産業革命にどのような影響をもたらしただろうか。

39 環大西洋革命とイギリス

1 環大西洋革命の展開

・イギリス産業革命→❶＿＿＿＿＿＿＿＿＿＿＿＿革命→フランス革命

　→ラテンアメリカの独立

　⇒一連の社会システムの変革…❷＿＿＿＿＿＿＿＿＿革命

(1) 北米のイギリス植民地＝❶革命

　・対外戦争にともなう財政難→本国(イギリス)による課税強化

　　⇔❸＿＿＿＿＿＿＿＿＿が反発→独立戦争へ

　　→❹＿＿＿＿＿＿＿＿(1783)で独立承認

　《理論的根拠》…❺＿＿＿＿＿＿＿＿の思想・トマス＝ペイン『コモン＝センス』

(2) フランス革命

　・財政難→特権身分への課税をめぐり，❻＿＿＿＿＿＿＿招集

　　→特権身分と平民(❼＿＿＿＿＿＿＿＿＿＿)の対立激化

　　→❽＿＿＿＿＿＿＿＿牢獄襲撃(1789)＝フランス革命の開始

　・国王処刑やヨーロッパ諸国による❾＿＿＿＿＿＿＿＿＿，ジャコバン派

　　による❿＿＿＿＿＿＿＿＿などを経て不安定な政情つづく

　・革命により，⓫＿＿＿＿＿＿＿の原理確立→フランス⓬＿＿＿＿＿

　　＿＿＿＿の理念とともに⓭＿＿＿＿＿＿＿戦争を経て各地に拡大

(3) ラテンアメリカの独立

　・⓭による本国(スペインなど)征服

　　→現地の白人支配者(⓮＿＿＿＿＿＿＿＿)による自治権獲得運動

　　→独立戦争へ←自国市場拡大を望む⓯＿＿＿＿＿＿＿が支持

　　→1825年までに大半の地域が独立達成

　・北米の❸とラテンアメリカの独立＝⓮がヨーロッパ本国からの独立をめざ

　　したという点で共通(⓮革命)

　・フランス領サン＝ドマング…アフリカ系奴隷が蜂起して⓰＿＿＿＿＿

　　として独立(＝⓮以外による革命の唯一の成功例)

2 イギリスの影響力

・フランスの⓭が大陸諸国の海外貿易を禁止(＝⓱＿＿＿＿＿＿＿)

　→イギリスに対抗し，世界商業の覇権奪回をめざす→諸国の経済にも打撃

　→⓱を破った⓲＿＿＿＿＿＿への遠征失敗＝⓭失脚の大きな要因

　→⓳＿＿＿＿＿＿＿戦争はイギリスの勝利で決着

・ラテンアメリカ諸国…モノカルチャーによる開発→世界経済への統合とイギ

　リスへの経済的従属すすむ＝イギリスの影響力高まる

問いのステップにチャレンジ

問❶ アメリカ独立宣言（教 p.154）には，ロック『統治二論』（教 p.147）のどのような影響がみられるだろうか。前者のどのような考えが後者にどのように反映されているかに着目して答えよう。

---

7 ジョン＝ロック『統治二論』(1690 年)

……もし立法府が，……人民の生命，自由および財産に対する絶対権力を，自分の手に握ろうとし，または誰か他の者の手に与えようとするならば，この信任違反によって，彼らは，人民が，それとは全く正反対の目的のために彼らの手中に与えた権力を没収され，それは人民の手に戻るようになる。人民は，その本来の自由を回復し，……新しい立法府を設置することによって，彼らが社会を作った目的である自分自身の安全と保障の備えをするのである。……

(『世界史史料 5』岩波書店)

---

3 アメリカ独立宣言(1776 年)

われわれは，自明の真理として，すべての人は平等に造られ，造物主によって，一定の奪いがたい天賦の権利を付与され，そのなかに生命，自由および幸福の追求の含まれることを信ずる。また，これらの権利を確保するために人類のあいだに政府が組織されたこと，そしてその正当な権力は被治者の同意に由来するものであることを信ずる。そしていかなる政治の形体といえども，もしこれらの目的を毀損するものとなった場合には，人民はそれを改廃し，かれらの安全と幸福とをもたらすべしとみとめられる主義を基礎とし，また権限の機構をもつ，新たな政府を組織する権利を有することを信ずる。

(高木八尺他編『人権宣言集』岩波書店)

問❷ フランス人権宣言（教 p.155）には，アメリカ独立宣言の影響がみられるといえるだろうか。また，その根拠は何だろうか。

問❸ ハイチ革命と，アメリカ独立革命やフランス革命との共通点や相違点は何だろうか。下の表に整理しよう。

共通点	相違点

40 環大西洋革命の成果と限界

① 民主主義と独裁

(1) 環大西洋革命により，近代民主主義社会の基礎となるしくみが整備

…❶＿＿＿＿＿＿＿＿＿，❷＿＿＿＿＿＿＿＿＿の尊重，法の支配，憲法にもとづく議会政治，三権分立など

(2) フランス人権宣言の理念…すべての人の❸＿＿＿＿＿

＝近代民主主義の前提

→❹＿＿＿＿＿＿＿＿＿を中心とするジャコバン派がもっとも尊重

例）初の人民投票で共和政憲法制定(1793)

…前文に人権宣言を掲げ，人民主権や❺＿＿＿＿＿選挙を定める(1791年憲法と比べ大幅に民主主義的)

⇔❻＿＿＿＿＿＿＿＿＿の拡大・国内でも反革命派勢力が強まる

→ジャコバン派，かたくなに革命をすすめ，危機の打開をはかる

→1793年憲法の施行延期・❼＿＿＿＿＿＿＿の実施

(3) ❽＿＿＿＿＿＿＿＿＿…フランス革命の理念にもとづく諸法典編纂

⇔国民投票で皇帝となり独裁的権力ふるう

→当初はフランス革命の成果をもたらす解放者としてむかえられる

→しだいに諸国民の征服者・抑圧者として反発受ける

② 環大西洋革命と女性

・人権宣言における❸の理念…性別や肌の色による区別あり

→人権宣言が女性にも適用されるべきとの主張はひとにぎり

→政治の主体は教養と財産をもつ❾＿＿＿＿＿＿＿に限定されるべきとの考えが支配的

→❽編纂の諸法典…女性の権利を軽視(子ども時代は父の後見下，結婚後は夫の後見下におかれる)＝市民社会の主体ではなく，男性市民を支え育てる妻あるいは母としての役割を期待される

③ 環大西洋革命と奴隷

《❿＿＿＿＿＿＿の廃止…簡単にはすすまず》

・南北アメリカ…独立を主導した⓫＿＿＿＿＿の多くが奴隷所有者→プランテーションの経済的利益重視→❿維持

・⓬＿＿＿＿＿…革命によって❿廃止

⇔フランス(旧宗主国)は独立承認の見返りに，財産を失った旧プランテーション所有者への莫大な賠償金課す

→独立後の⓬経済を長期にわたり苦しめる

問いのステップにチャレンジ

問❶ 自由と平等の理念が重視されながらなぜ独裁が生まれたのだろうか。次の語句も用いて説明しよう。

【語句】 ジャコバン派，ナポレオン

問❷ 環大西洋革命期に，女性はどのような存在と考えられていただろうか。

(1) 下の史料「ウルストンクラフト『女性の権利の擁護』」(教 p.156)を読み，空欄に入る語を答えよう。

📖 **2 ウルストンクラフト『女性の権利の擁護』**(1792年)

……宗教と理性は，普通の道を歩む女性には，（ a ）および母親としての義務を果たすことを命じていると思うけれども，特に優れた能力を持っている女性が社会に貢献し独立する，という更に大きな計画を遂行していこうとする時には，そのための道が開かれていないのだから，私は悲しまずにはいられない。こんなことをいったら笑われるかもしれないが，女性が（ b ）の審議に直接参加することが全く許されずただ独断的に支配される，というのではなくて，自分たちの（ c ）を持つべきだ，と私は本当に考えているのだ。そして私は，それをいつの日にか実現させたいと思う……。

（『世界史史料6』岩波書店）

a (   )　　b (   )　　c (   )

(2) (1)の史料もふまえ，当時の女性がおかれていた立場とはどのようなものであったか説明しよう。

問❸ 南北アメリカでは，なぜ奴隷制が存続したのだろうか。

第1節 ◀ 考察を深める問い ▶ あなたは，環大西洋革命のどこに共通点と相違点を見いだすだろうか。下の表に整理しよう。

共通点	相違点

41 ウィーン体制

❓節の問い

なぜこの時期にヨーロッパでナショナリズムが広まったのだろうか。

学習課題

19世紀のヨーロッパでは，なぜナショナリズムが広がったのだろうか。

ここがポイント

ナポレオン失脚後の国際秩序はどのようにして構築されたのだろうか。また，そのなかで，フランス革命の理念が広まっていた地域ではどのような動きがおこり，国際秩序にどのような影響をあたえたのだろうか。

ここがポイント

市民革命や工業化においてイギリス・フランスに遅れをとったロシア・ドイツでは，どのような動きがあっただろうか。

1 ウィーン体制とその崩壊

・ナポレオン失脚後の国際秩序構築

　→❶＿＿＿＿＿＿＿＿＿＿主導で❷＿＿＿＿＿＿＿＿＿＿＿＿開催

　→ヨーロッパを革命前の状態にもどすこと（❸＿＿＿＿＿＿＿＿＿）で合意

　→フランスで王政復活，フランス革命の影響をおさえこむための国際条約

　⇒ウィーン体制の成立＝19世紀前半のヨーロッパ国際秩序

・ナポレオン支配の時代にフランス革命の理念は各地に拡散

　→同じ言語・宗教・文化をもつ人々が一つの政治的まとまりをもつべきとする意識（＝❹＿＿＿＿＿＿＿＿）のめばえ→❹をもとに国民国家をつくろうとするナショナリズム（❺＿＿＿＿＿＿＿＿）の動きがおこる

　→専制支配に対し，政治参加や自由な経済活動を要求（＝❻＿＿＿＿＿＿＿）し，ウィーン体制と対立

・1848年2月…❼＿＿＿＿＿＿で民衆蜂起，王政打倒＝二月革命

　→各地の運動に影響→（❽＿＿＿＿＿＿＿）で民衆が蜂起（1848年3月）

　→❶が失脚，ウィーン体制は倒れる

2 1848年革命後のナショナリズム

・1848年以前のナショナリズム→旧来の支配体制からの解放を求める

・1848年以後…支配体制側が積極的にナショナリズムを担い，民衆を統制して強い国家を建設しようとする動き強まる（←イギリスの経済力への対抗）

《ロシア》…皇帝による❾＿＿＿＿＿＿＿，農民は領主の土地で労働

　→都市の労働力が不足し工業化に遅れ

　→これを❿＿＿＿＿＿＿＿の敗因と考えた皇帝による改革

　　：⓫＿＿＿＿＿＿＿＿（1861）…農民に自由を認める

　⇔ポーランドでナショナリズムが高揚するとこれを弾圧，❾再強化

　　→自由を抑圧しつつ工業化・軍事力の増強すすめる

《ドイツ》…1848年3月の革命失敗（❽・ベルリン）

・ドイツ統一と憲法制定めざす⓬＿＿＿＿＿＿＿＿開催

　→ドイツ皇帝位にプロイセン国王を選出するも国王は拒否

・プロイセン，産業革命成功→オーストリア帝国を排除したドイツ統一めざす

　：首相⓭＿＿＿＿＿＿＿の主導→議会の反対を無視して軍備拡張

　→⓮＿＿＿＿＿＿＿＿＿＿（1866）でドイツ北部統一

　→⓯＿＿＿＿＿＿＿＿＿＿（1870〜71）でナポレオン3世破る

　→⓰＿＿＿＿＿＿の成立（1871）

問❶ 「フランス人権宣言」(教 p.155)と史料 3「パリ七月革命」(教 p.158)の主張をそれぞれまとめよう。

(1) 下の文章中の空欄に当てはまる語を答えよう。

フランス人権宣言では，(a)と平等，そして(b)主権などが明記されており，これにもとづく憲法を定めて共和政が樹立されたが，ナポレオン失脚後のフランスでは，(c)が復活した。これに対し，七月革命の宣言文では，(d)による復古主義的な政策を否定し，ふたたびフランス革命の理念にもとづく政府の樹立をめざすことが宣言されている。

a (　　　　　　　　) b (　　　　　　　　)
c (　　　　　　　　) d (　　　　　　　　)

問❷ ビスマルクの「鉄と血」とは何を意味する言葉だろうか。

(1) 下の史料「ビスマルクの鉄血演説」(教 p.159)を読み，空欄に入る語を答えよう。

7 ビスマルクの鉄血演説(1862 年)

……プロイセンでは個々人の自主性が強いために，立憲政治を行うことが難しくなっております。……ドイツが注目しているのはプロイセンの自由主義ではなくて，プロイセンの力であります。……ウィーン[会議]の諸条約によるプロイセンの国境は，健全な国家の営みのためには好都合なものではありません。現下の大問題が決せられるのは，(a)や(b)によってではなく──これこそが，1848年と1849年の重大な誤りだったのですが──，まさに鉄と血によってなのであります。……

(『世界史史料6』岩波書店)

a (　　　　　　　　) b (　　　　　　　　)

(2) ビスマルクは，(1)で答えた方法ではなく「鉄と血」によってドイツ統一をめざすべきと述べている。これをふまえ，「鉄と血」が何を意味するか考えてみよう。

問❸ 19世紀前半と後半のナショナリズムには，どのようなちがいがあるだろうか。

MEMO

ナショナリズムの広がり

ナショナリズムの広がりは，ヨーロッパ社会や文化にどのような影響をあたえたのだろうか。

ここがポイント

国民国家建設の過程で重視されたこと，認められなかったことは，それぞれ何だろう。「国民」という存在は，どのようにしてつくりだされたのだろうか。

1 国民の創出

(1) 国民はいかにしてつくられたか

・フランス革命とナポレオン戦争を経て❶＿＿＿＿＿＿＿＿＿＿の動きが生まれる→国民国家建設がめざされる

・国民国家の建設：均質で一体性のある❷＿＿＿＿＿＿をつくりだすことを重視

　→❸＿＿＿＿＿や文化の異なる複数の民族の存在や，性別・❹＿＿＿＿＿＿＿などにかかわる人々の多様な属性は必ずしも容認されず

　→特権身分からなる伝統的な身分制秩序の解体

　→均質で一体性のある❷の創出のため，❺＿＿＿＿＿＿・国歌・国語・神話・英雄・記念碑などのシンボル創出

　　　　　　　　　　⌐→❻＿＿＿＿＿＿制度を通じて定着はかる

　英雄や国語とする❸などは国民統合推進の多数派が恣意的に選択

　　⇒少数派は文化を否定され，多数派に強制的に❼＿＿＿＿＿＿される

・❽＿＿＿＿＿＿の導入…国民統合に大きく貢献

(2) 国民国家の建設と芸術・学問

・❾＿＿＿＿＿＿＿＿＿…合理主義などへの反発から生まれる

　：民族の歴史や伝統を重視→❶の高揚と結びついて発展

・❿＿＿＿＿＿＿＿…スペンサーらによる

　：⓫＿＿＿＿＿＿＿の進化論を拡大解釈，適者生存を説き少数派の弾圧や同化を肯定する論拠とされる

　→植民地支配・帝国主義を追認する役割

2 「国民の敵」をつくる

ここがポイント

国民を統合するために，対外・国内の両方の面でつくられた「敵」に着目しよう。同時に，この動きがもたらした影響について考えよう。

国民統合…「国民の敵」の創出によって強化される

《対外》：国家間の対立をあおる

・ドイツ…プロイセン＝フランス(普仏)戦争末期，プロイセン国王のドイツ皇帝即位式をフランスの⓬＿＿＿＿＿＿＿＿＿＿で挙行

　→ドイツ国民としての意識の高揚(⇔フランス国民にとっては屈辱)

《国内》：国内に「国民の敵」をつくりだす

・例：⓭＿＿＿＿＿排斥

　　　⌐中世以降のヨーロッパにおいて差別や迫害の対象とされてきた人々

　→19世紀後半には⓭を公然と攻撃する政党・ジャーナリズム出現

　→フランスでは⓭の軍人⓮＿＿＿＿＿＿＿＿に対する冤罪事件も発生

　　→国を二分する議論に発展

問❶ どのようにして国民国家建設がめざされたのだろうか。

(1) 国民国家建設のために何よりも重視されたことは何だろうか。

```




```

(2) (1)のために何が生みだされ，また，どのような制度を通じて定着がはかられたのだろうか。

```




```

問❷ 「国民の敵」はどのようにしてつくりだされたのだろうか。対外的な動きと国内での動きについて，それぞれ具体的に説明してみよう。

対外的な動き	
国内での動き	

問❸ ヘルツルにとってヨーロッパ国民国家のナショナリズムはどのように考えられているだろうか。

(1) 下の史料「ヘルツル『ユダヤ人国家』」(教 p.161)を読み，空欄に入る語を答えよう。

5 ヘルツル『ユダヤ人国家』(1896 年)

　私たちは一つの民族です。一つの民族なのです。
　私たちはどこにいても，周囲の民族社会にとけ込もう，ただ父祖の信仰だけは守ろうと誠実に努力してきました。しかしそれでは許してはもらえないのです。私たちが忠実な，そして所々で熱狂的な(a)であることさえ無駄なのです。……誰が異邦人かは(b)が決めるのです。……

(『ドイツ・フランス共通歴史教科書【近現代史】』明石書店)

　　　　　　　　　　　　　　　　　　　　a (　　　　　　　　　) b (　　　　　　　　)

(2) (1)と教科書の記述もふまえ，**問❸**への解答をまとめよう。

```




```

43 資本主義と社会主義

学習課題

19世紀のヨーロッパで，なぜ社会主義の思想と運動が生まれたのだろうか。

1 資本主義と階級社会

・ヨーロッパ各地で産業革命の進展（←イギリスの経済力に対抗）

　→都市に工場建設・人口集中

　→二つの社会階級の誕生：一部の豊かな❶＿＿＿＿＿＿＿＿＿＿＿＿と大多数

　　の貧しい❷＿＿＿＿＿＿＿＿＿＿＿

　→自由主義のもと，❶が利潤を最大化するための行動は正当化される

　　　↓　（＝自己責任で競争社会を生き抜く精神として称揚）

　　❸＿＿＿＿＿＿＿＿＿＿＿＿工業の普及

　→手工業者が失業，賃金下げられる。❹＿＿＿＿＿や児童，❺＿＿＿＿

　　がより低賃金の労働者として雇われる

　→❻＿＿＿＿＿＿＿＿＿＿＿，災害の危険，不衛生，監督者による虐待

　⇒労働者は団結して❼＿＿＿＿＿＿＿＿＿＿＿＿＿を求める

ここがポイント

労働者が劣悪な労働条件で働くことを強いられるようになった背景には何があるだろうか。

2 労働運動と社会主義

・資本主義社会…❶と❷の格差拡大＝人権宣言の自由と平等に矛盾

　→労働者が自由に生きられるために，平等に重心をおいて社会改革をめざす

　　動き（＝❽＿＿＿＿＿＿＿＿の思想）が生まれる

《19世紀前半》

・イギリスの❾＿＿＿＿＿＿＿＿＿＿…助けあいの精神による工場経営

・フランスの❿＿＿＿＿＿＿＿＿＿・⓫＿＿＿＿＿＿＿＿＿

　…生産手段の共同所有と管理による未来社会を構想

《19世紀なかば》

・工場労働者の⓬＿＿＿＿＿＿＿高揚→1848年の諸革命にも参加

・⓭＿＿＿＿＿＿＿とエンゲルス，『共産党宣言』出版（1848）…人類の歴史

　を階級闘争の歴史とし，資本主義が革命で打倒された後に❽が実現すること

　は必然と主張→労働者階級の国際的連帯をよびかける

・⓭，主著『⓮＿＿＿＿＿＿＿』で資本主義の問題性分析

　→世界の⓬・❽に多大な影響

ここがポイント

人権宣言の思想と，❽思想が出現したことには，どのような関連があるだろうか。

3 社会政策と国民統合

・ヨーロッパ各国政府の動き

《19世紀》⓬を弾圧する一方で❹の労働時間制限や児童労働の禁止等を盛りこ

　んだ⓯＿＿＿＿＿制定

《19世紀末》⓰＿＿＿＿＿＿・年金制度等の整備，労働者の生活条件改善

⇒これらの社会政策が労働者の⓱＿＿＿＿＿＿＿への帰属意識を強める

ここがポイント

⓬が弾圧される一方，国家によって労働者に何がもたらされたのだろうか。またそれは，国民統合とどのように関連していただろうか。

問いのステップにチャレンジ

問❶ 女性や児童，移民はなぜ劣悪な労働条件で働かされたのだろうか。

問❷ マルクスは，労働者の解放の目的をどう考えていただろうか。

(1) 右の史料「第１イ
ンターナショナル規
約」(教 p.163) を 読
み，マルクスが「労
働者階級の解放のた
めの闘争」について
説明している部分に
下線を引こう。

> 📖 **⑦ 第1インターナショナル規約**(1864 年)
>
> 　労働者階級の解放は，労働者階級自身の手でたたかいとらなければならないこと，
> 労働者階級の解放のための闘争は，階級特権と独占をめざす闘争ではなく，平等の
> 権利と義務のため，またあらゆる階級支配の廃止のための闘争を意味すること，
> 　労働手段すなわち生活源泉の独占者への労働する人間の経済的な隷属が，あらゆ
> る形態の奴隷制，あらゆる社会的悲惨，精神的退廃，政治的従属の根源にあること，
> ……
> 第１条　本協会は，同一の目的，すなわち労働者階級の保護，進歩および完全な解
> 　　　放をめざしているさまざまな国々の労働者諸団体の連絡と協力を媒介する中心と
> 　　　して創立された。……
>
> (『世界史史料 6』岩波書店)

(2) (1)の史料もふまえ，**問❷**への解答をまとめよう。

問❸ 社会主義とはどのような思想だろうか。19世紀前半とそれ以後における具体的な動きもあわせて
答えよう。

第2節 ◆ **考察を深める問い** ▶ あなたは，ナショナリズムの高揚は，社会全体にどのような影響をもた
らしたと考えるだろうか。

44 南北戦争の展開

❓節の問い

なぜこの時期に，アメリカ合衆国で国を二分する内戦が戦われたのだろうか。

ここがポイント

独立後のアメリカ合衆国はどのような問題をかかえていただろうか。

ここがポイント

南北戦争はどのような対立から生じたのだろうか。また，北部はどのような動きを通して優位に立ったのだろうか。

ここがポイント

南北戦争はイギリスや⓬にどのような影響をあたえただろうか。

ここがポイント

南北戦争後，アメリカの経済および社会は，どのように変化しただろうか。

1 大陸国家への道

(1) 独立後のアメリカ合衆国

・中央集権重視の❶＿＿＿＿＿＿＿　VS　州の主権重視の❷＿＿＿＿＿＿＿

　→国内政治安定せず

・白人の入植者…❸＿＿＿＿＿＿＿を強制移住させ，❹＿＿＿＿＿

　すすめる→19世紀なかばには領土は太平洋岸まで到達

・❺＿＿＿＿＿＿＿大統領，アメリカ大陸・ヨーロッパ相互不干渉宣言(1823)

　…大西洋の西側を勢力圏とする膨張主義を意図→アメリカ外交の基調に

・独立後もイギリスへの経済的従属はつづく

2 南北戦争

(1) 南部と北部

・貿易政策や連邦政府の権限，❻＿＿＿＿＿＿＿の存続をめぐり対立

　→北部地盤の❼＿＿＿＿＿＿＿と南部地盤の❽＿＿＿＿＿＿＿の形成

　→1860年，❼の❾＿＿＿＿＿＿＿が大統領に選出される

　→❻維持を求める南部諸州，合衆国から離脱(1861)⇒南北戦争の開始

(2) 南北戦争

・当初は北部が劣勢→❾による❿＿＿＿＿＿＿発布

　→国内外の世論を味方につけ北部が優勢に→南部を降伏させる(1865)

3 南北戦争と世界

・南北戦争中に北部が南部を海上封鎖→⓫＿＿＿＿＿の輸出を止め経済的打撃

　→⓫が不足したイギリスは⓬＿＿＿＿＿から⓫を輸入

　→⓬で⓫の価格高騰→利益得た⓬の商人が機械製紡績業おこす

　→1860年代以降，衰退していた⓬の綿工業の部分的復活

4 工業化の進展と移民

(1) 工業化の進展

・南北戦争後…広大な国内市場形成，⓭＿＿＿＿＿の発展

　⇒19世紀末，アメリカは世界一の工業国に←移民が経済成長を支える

(2) 移民の増加

《東部》⓮＿＿＿＿＿や東欧・南欧からの移民が多い

《西部》⓯＿＿＿＿や⓰＿＿＿＿からの移民が多い

・東欧・南欧からの移民＝⓱＿＿＿＿＿…アジア系移民とともに差別・

　排斥される

・解放された⓲＿＿＿＿＿住民…人種差別により社会的劣位に

問❶　「明白なる天命」とはどのような考え方だろうか。

問❷　リンカンが「奴隷解放の父」と評価されることは正当だろうか。下の史料「リンカンからホレス＝グリーリーへの書簡」（教 p.165）もふまえて考えてみよう。

4 リンカンからホレス＝グリーリーへの書簡 (1862年8月22日)

　この戦争における私の至高の目的は連邦を救うことであり，奴隷制度を救うことでも破壊することでもありません。もし私が，一人の奴隷も解放することなく連邦を救えるならば，私はそうするでしょう。また私が，すべての奴隷を解放することによって連邦を救えるならば，そうするでしょう。……私が奴隷制度と黒人のために行うことは，連邦を救うのに役立つからそうするのであり，私が行わないことは，それが連邦を救うことに役立つとは思えないから行わないのです。……私はここに，職務上の責務に基づいて，自分の意見と目的を述べてきたのであって，私がしばしば表明してきた個人的意見として，すべての人間はいずこにおいても自由であり得るのだという考えを変えるつもりはありません。

（『世界史史料7』岩波書店）

問❸　移民は，アメリカの経済や社会にどのような影響をあたえただろうか。

第3節　**考察を深める問い**　あなたは，南北戦争の結果が後世にどのような影響をあたえたと考えるだろうか。

45　イギリスを中心とした自由貿易体制

② 節の問い

イギリスが主導した自由貿易体制は，どのように世界中に広がったのだろうか。

ここがポイント

なぜロンドンの❼は世界の通商・金融活動の中心地となれたのだろうか。

ここがポイント

なぜイギリスの覇権が確立されたのだろう。また，通貨・輸送・情報・言語・時間などの要素はそれとどのようにかかわったのだろうか。

① 「世界の工場」とロンドン・シティ

《19世紀のイギリス》　❶_____を世界に広げる

・❷_____の中国貿易独占権廃止（1833）

　→中国との❸_____貿易を自由競争に

・砂糖の関税大幅削減→「砂糖入り紅茶」の価格低下→労働者にも広がる

・安価な輸入穀物に高額関税を課していた❹_____廃止（1846）

・海外貿易でイギリス船を優遇した❺_____廃止（1849）

⇒イギリスは世界中から食料・工業原料を輸入し，工業製品輸出

　　＝「❻_____」

　→海外貿易の発展→海運業・海外保険業の収益激増，国際収支は大幅黒字

　→ロンドン旧市街の❼_____はアムステルダムにかわって世界の通商・金融活動の中心地に

　→産業地帯の北西部とロンドンの❼，イングランド南東部が経済的繁栄

② パクス＝ブリタニカ

・19世紀の世界…巨大な経済力を有するイギリスの影響力が世界全体におよぶ

　→イギリスを中心とした世界的分業体制（❽_____

　　　_____）の成立＝パクス＝ブリタニカの時代

・❶＋ロンドン・❼の繁栄

　→イギリスの通貨❾_____…世界中の取引の決済で使われる国際通貨となる

・❿_____・アメリカの⓫_____の開通（1869）

　→世界の交通の劇的変化＝⓬_____

　→イギリス資本の輸出と技術者の活躍で⓭_____建設も世界各地で進行

・海底電信ケーブルによる⓮_____（19世紀後半）

　→イギリスとインド間の通信は5時間に

　　ウラジヴォストーク・上海経由で長崎も国際電信網に接続（1871）

　→経済・政治・外交に関する最新情報が世界中に⓯_____で伝えられる

　　経済取引のルールや近代的な学知も⓯で発信されることが増加

　→ロンドン・グリニッジ天文台を通過する子午線をゼロとする⓰_____

　　　　_____が決定（1884）

⇒近代化をすすめるアジア諸国はイギリスが提供した諸制度・文化を積極的に受容

問❶ ロンドン・シティはどのような場所だろうか。

(1) 下の史料「久米邦武『米欧回覧実記』」(教 p.167)から読みとり，簡潔にまとめてみよう。

8 久米邦武『米欧回覧実記』(1871 〜 73 年)

ロンドン市内を 6 つの区に分かつ。東部を「シティ・オ
ブ・ロンドン」という。最も古く街になった部分で……
市で一番繁華なビジネス街である。人口は16万を超え，
一種の特権を持っており……イギリス国王といえども
市長の承諾を得なければこの門を入ることができない。
……国際商業都市というものは市民生活がすべて工業・
商業に深くかかわっているので，市民たちが協議体を
作っており，その極限としては全市が一体化して，自然
に共和政治の形を取っていくものである。……
(久米邦武編著，水澤周訳注
『現代語訳 特命全権大使米欧回覧実記 2』慶応大学出版会)

(2) ロンドンのシティは18世紀後半にはどのような場所となっただろうか。教科書本文から当てはま
る説明を抜きだそう。

問❷ パクス＝ブリタニカは何により支えられたのだろうか。

問❸ なぜ世界標準時は採用されたのだろうか。教科書の記述をもとに考えてみよう。

第 4 節 **考察を深める問い** あなたは，さまざまな国際標準がイギリスの覇権にどのように影響した
と考えるだろうか。

国際的な分業体制と労働力の移動

❓節の問い

この時期に多くの人々が労働の場を国外に求めたのはなぜだろうか。

ここがポイント

19世紀が「移民の世紀」となった背景には，ヨーロッパ列強諸国のどのような状況があるだろうか。

ここがポイント

アジア系移民は，どの地域でどのような仕事に従事したのだろうか。また，なぜ移民排斥の動きが生まれたのだろうか。

1 「移民の世紀」

(1)　「移民の世紀」(19世紀)

　　…大量の人々がユーラシア大陸から南北アメリカ大陸・オセアニアに移動

《背景》・ヨーロッパ列強諸国による植民地帝国形成

　　　　　→植民地帝国では自由な❶＿＿＿＿＿＿＿＿が保障

　　　　　　イギリス帝国…人々は「❷＿＿＿＿＿＿＿＿」として自由な帝国間

　　　　　　移動が可能

　　　　　・船の技術革新…船体が鋼鉄製となり大型化。燃料は石炭から❸＿＿＿

　　　　　　＿＿＿となり，重油利用のディーゼル機関も開発

　　　　　→航続距離の伸長，所要時間短縮，運賃低下→渡航が容易になる

(2)　移民の移住先

　　・ヨーロッパ移民の最大の移住先…❹＿＿＿＿＿＿＿

　　　《19世紀なかごろ》

　　　…ジャガイモ飢饉にみまわれた❺＿＿＿＿＿＿＿からの移民

　　　《19世紀後半〜第一次世界大戦直後》

　　　…❻＿＿＿＿＿＿＿諸地域からの移民━━━━━→❹の中西部へ殺到

　　・移民の流れ…モノ（輸出入）とカネ（資本輸出）の動きとも重なる

　　　　→経済制度が一体化した大西洋経済圏の形成と拡張に大きく貢献

2 アジア系移民の拡大と移民排斥

(1)　アジア系移民の拡大

　┌○❼＿＿＿＿＿制が廃止されたイギリス帝国のカリブ海植民地

　│○❽＿＿＿＿＿＿＿＿＿＿＿＿＿にわくアメリカ西海岸

　├○南アジア・東南アジア・アフリカ大陸東南部のヨーロッパの植民地

　└インド系移民（＝❾＿＿＿＿＿）・中国系移民（＝❿＿＿＿＿＿）が渡来

　　　…⓫＿＿＿＿＿＿＿＿＿や鉱山で労働に従事，アフリカ系❼

　　　　にかわる安価な労働力となる＝⓬＿＿＿＿＿＿とよばれる

　　　→同郷者の集団を中心とした移民ネットワークの形成

　　　・日本からの移民…⓭＿＿＿＿＿＿への官約移民から本格化

　　　　→太平洋航路開設によりアメリカ本土やカナダへ短期の出稼ぎ目的

　　　　→現地に定住し⓮＿＿＿＿＿＿を築く人々も

(2)　アジア系移民排斥の動き…北米・オーストラリアなど

　　・オーストラリアでは⓯＿＿＿＿＿＿＿＿が掲げられる

　　・19世紀末の人種主義を反映した白人による人種差別→移民活動制約される

問❶ ヨーロッパ系移民はどこに向かったのだろうか。

問❷ 中国系移民労働者は，どこで，どのような職種で働いていたのだろうか。次の表に整理しよう。

中国系移民労働者の移住先	
中国系移民労働者が従事した職種	

問❸ アジア系移民の排斥は，移民の世紀に何をもたらしたのだろうか。

(1) 右の史料「中国人に関する条約約定を施行するための法律(排華移民法)」(教 p.169)の第1・14条ではどのようなことが定められたか。簡潔にまとめよう。

(2) (1)で確認したこともふまえ，**問❸**への解答をまとめよう。

7 **中国人に関する条約約定を施行するための法律(排華移民法)** (1882年)

中国人労働者のアメリカ合衆国への流入が，領域内の土地において守られるべき秩序を危険にさらしているとのアメリカ合衆国政府の判断により，召集された連邦議会の上院および下院は，以下の法律を定める。……

第1条 本法律の制定の90日後以降，また，本法律が10年後に失効するまでの間，アメリカ合衆国への中国人労働者の入国を停止する。この停止期間にあっては，いかなる中国人労働者の入国も違法であり，また，先の[法律制定の]90日後以降に入国した者がアメリカ合衆国に留まることも違法である。

第14条 これ以降，州法廷およびアメリカ合衆国法廷は，中国人に市民権を認めてはならない。本法律に抵触するすべての法律は，これにより無効にする。

第15条 本法で使われる「中国人労働者」という言葉は，熟練労働者と不熟練労働者，鉱山で雇われる中国人を意味すると解釈される。

(『世界史史料7』岩波書店)

第5節 考察を深める問い あなたは，移民が移動先の社会にどのような変化をもたらしたと考えるだろうか。

47 西アジアの改革運動と列強

? 節の問い

19世紀なかごろから後半における欧米列強の進出は，アジア諸地域の経済や社会にどのような変容をもたらしただろうか。

学習課題

列強の権益争いや介入は，西アジアの改革運動にどのような影響をあたえただろうか。

ここがポイント

オスマン帝国は，危機を打開するためにどのような改革をおこなったのだろうか。

1 苦悩する西アジア

(1) オスマン帝国の弱体化

・19世紀以降，ロシアやオーストリアに領土をうばわれる

・イギリス・フランス・ロシアの支援で❶ _____ が独立（1829）

・属領だったエジプトが政治的に自立

(2) 西アジアの国々の改革

・オスマン帝国やエジプト，❷ _____ などが西欧型の近代化をめざす改革実施→列強の介入や圧力によって制約をこうむる

2 オスマン帝国の改革

(1) ❸ _____（恩恵改革）（1839開始）

・西欧化をめざした行政・司法・軍事の改革

　→急激な改革による社会の混乱，❹ _____（1853〜56）の出費などによる財政破綻→イギリスの財政管理下におかれる

(2) 立憲政治を求める動き

・❺ _____（オスマン帝国憲法）（1876）

　：宰相❻ _____ が発布，アジア最初の憲法

　→二院制議会をもつ立憲体制が発足

　→❼ _____ 勃発を口実に憲法は停止され，専制政治が復活

　→❼に敗れたオスマン帝国は，バルカン半島の大半の領土を失う

　⇒❽ _____（1908）…❺を復活させ立憲政治を実現

3 エジプトの改革と保護国化

ここがポイント

エジプトではどのような改革がすすめられただろうか。また，それが挫折したのはなぜだろう。

(1) エジプトの近代化

・❾ _____ が総督となり実権にぎる

　→富国強兵・殖産興業などの近代化政策に努力

　→オスマン帝国との❿ _____ にも勝利

(2) イギリスによる保護国化

・フランスの支援により⓫ _____ を完成（1869）

　→急激な近代化政策と⓫の建設で財政難に

　→⓫会社の株式をイギリスに売却→⓫の実質的な支配権はイギリスに

・陸軍将校の⓬ _____ による抵抗運動（1881〜82）

　：イギリスとフランスの経済支配に反発，立憲制の確立を求める

　→イギリスにより鎮圧され，エジプトは実質的にイギリスの保護国に

問いのステップにチャレンジ

問❶ ミドハト憲法の進歩的性格はどこに表れているだろうか。

(1) 下の史料「ミドハト憲法（オスマン帝国憲法）」（教 p.170）から「進歩的性格」と考えられる部分をまとめよう。

2 ミドハト憲法（オスマン帝国憲法）（1876 年 12 月 23 日公布）

第 8 条　オスマン国籍（こくせき）を有する者はすべて，いかなる宗教宗派に属していようとも例外なくオスマン人と称（しょう）される。……

第 9 条　すべてのオスマン人は個人の自由を有し，他者の自由を侵（おか）さない義務を負う。

第12条　出版は，法律の範囲（はんい）内において自由である。

第42条　帝国議会は，元老院と代議院という名の両議院でこれを構成する。

第60条　元老院議長および議員は，代議院の議員数の 3 分の 1 を越（こ）えないように，スルタン陛下がこれを任命する。

第65条　代議院議員の定数は，オスマン臣民の男子人口 5 万人ごとに 1 人となるようにこれを定める。　　　（『世界史史料 8』岩波書店）

(2) (1)で答えた点がなぜ「進歩的」といえるのか説明しよう。

問❷ イギリス・フランスは，なぜスエズ運河に強い関心をもったのだろうか。右の地図（教 p.171図 3 ）も確認し，地理的条件に着目しながら，説明しよう。

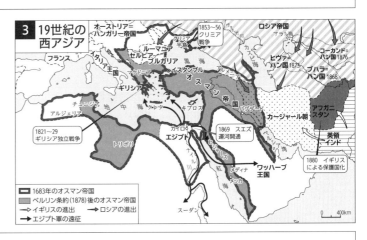

3 19世紀の西アジア

- 1683年のオスマン帝国
- ベルリン条約(1878)後のオスマン帝国
- → イギリスの進出
- → ロシアの進出
- → エジプト軍の遠征

問❸ 西欧諸国は，西アジアの改革をどのように制約しただろうか。

インドの植民地化／東南アジア諸国の植民地化

学習課題

自由貿易体制はどうしてインドの富をうばう結果となったのだろうか。

ここがポイント

イギリスの支配により，インドの社会や経済はどのように変化したのだろうか。

学習課題

東南アジア群島部と大陸部諸国のヨーロッパへの対応にはどのようなちがいがあっただろうか。

ここがポイント

東南アジアの植民地化はどのようにすすんだのだろうか。

1 ムガル帝国の滅亡／植民地支配への批判

(1) イギリスによるインド支配の拡大

・❶＿＿＿＿＿＿＿＿＿＿＿＿＿＿＿（1757）で勝利→インドの領土支配本格化

：イギリスは西欧化政策をすすめ，土地所有者からは重い税金を徴収

《インド》…❷＿＿＿＿＿＿の原産地で，❸＿＿＿＿＿＿が重要な輸出品

・産業革命によりイギリスの綿製品が大量流入，インドは輸入国の地位に

・イギリスによる自由貿易政策のおしつけ→インドの❷・❹＿＿＿＿・❺＿＿＿＿＿＿＿などを欧米やアジア諸国に大量に輸出

・❻＿＿＿＿＿＿＿＿＿の反乱をきっかけに❼＿＿＿＿＿＿＿＿＿勃発

（1857〜59）→東インド会社は解散→❽＿＿＿＿＿＿＿＿＿成立（1877）

(2) イギリスの自由貿易体制下でのインド

・一次産品の輸出による多額の貿易黒字＝インド政庁からの本国費に

・インドでは❾＿＿＿＿＿＿＿＿＿が強化されるなど社会の分断すすむ

→ゆるやかな自治を主張する❿＿＿＿＿＿＿＿＿成立（1885）

2 群島部の植民地化／大陸部の植民地化／植民地開発と移民

(1) 東南アジア群島部

《オランダの進出》…17世紀からジャワ島の⓫＿＿＿＿＿＿＿＿＿を拠点に

侵略すすめる→⓬＿＿＿＿＿＿＿＿＿を完成（1910年代）

《イギリスの進出》…⓭＿＿＿＿＿＿＿島を獲得（1819）→ペナン・マラッカとあわせて本国直轄の⓮＿＿＿＿＿＿＿に（1867）→マレー半島にも勢力をのばし，⓯＿＿＿＿＿＿＿＿＿をほぼ完成（19世紀末）

《アメリカの進出》

・スペイン支配下のフィリピン…⓰＿＿＿＿＿＿＿＿＿による民族運動が展開→⓱＿＿＿＿＿＿＿がフィリピン革命を指導→1898年の⓲＿＿＿＿＿＿＿＿＿のちアメリカの植民地に

(2) 東南アジア大陸部

《フランスの進出》…ナポレオン3世のもと，インドシナ進出→カンボジア・⓳＿＿＿＿＿＿を保護国化し，フランス領インドシナ連邦結成（1887）

《イギリスの進出》…ビルマに進出し，❽に併合（1886）

・ラタナコーシン朝の⓴＿＿＿＿＿のみ，唯一政治的独立を維持

(3) 植民地開発の進展と世界市場への統合

・イギリスの自由貿易港の⓭には⓯の錫やゴムが集荷され，⓬から砂糖やコーヒーを除く森林産物などが出荷→㉑＿＿＿＿＿＿＿や印僑が労働者として流入

問❶　インドにおける鉄道はおもに何に使われただろうか。

問❷　史料5「ナオロージーの富の流出批判」(教 p.173)によれば，ナオロージーはどのようなことを批判しているだろうか。

問❸　インドの人々はイギリスに対してどのような不満をもっただろうか。

- -

問❶　欧米列強による東南アジアの植民地分割はどのようにすすんだだろうか。

問❷　欧米列強は東南アジア群島部と大陸部に何を求めたのだろうか。それぞれの地で産出されたモノに注目してまとめよう。

問❸　史料2「ホセ＝リサール『わが祖国に捧げる』」(教 p.174)のなかで，東南アジアを代表する知識人ホセ＝リサールのいう「おまえ」とは何だろうか。

(1)　史料中の「おまえ」に下線を引いてみよう。

(2)　(1)もふまえ，**問❸**への解答をまとめよう。

2 ホセ＝リサール「わが祖国に捧げる」

　人類の病気の歴史に，ひとつのがんが記録されている。……わたしが近代文明のただなかにあって，あるいはおまえの思い出にふけろうと思い，または他の国々と比較しようと思って，なんどおまえの姿を思い起こそうとしたことだろう。しかしそのたびごとにわたしの前にあらわれたなつかしいおまえは，いつも……社会的ながんに苦しんでいる姿で目の前に現れるのだった。

　わたしたちのものであるおまえの健康をこい願うがゆえに，また最善の治療法をさがしもとめるために，わたしは……古代人のやったやり方を，おまえといっしょにやろうと思う。つまり，神に祈りに来る人々が，その療法を教えてくれるように，病気を神殿の階段にさらけ出すのである。

（ホセ＝リサール著，岩崎玄訳『ノリ・メ・タンヘレ　わが祖国に捧げる』井村文化事業社）

49 清の動揺と改革の模索

学習課題

清は列強の圧力を受けて，どのような改革を模索したのだろうか。

1 清と内憂外患

・18世紀末以降，大小の反乱・暴動相次ぐ→清の支配にかげり

・イギリスとの❶_____(1840～42)，イギリス・フランスとの❷_____(1856～60)での敗北

　→不平等な通商条約を強いられる

・開港後，経済や社会の動揺が増す

　→❸_____(1851～64)などの反乱も勃発

2 改革の展開

(1)　漢人の官僚らによる改革

《背景》❸の鎮圧の際に漢人の官僚らが主力となる

　　　：❹_____・❺_____など…民間の武装組織を編成，

　　　湘軍や❻_____を組織し反乱の鎮圧に成果をあげる

・❸鎮圧後，地方における政治的な裁量権が拡大

　→❹や❺らは，地方長官として赴任した地域で「❼_____」とよばれる

　　改革や諸事業を展開

(2)　改革の内容

・西洋の近代的な軍事力と技術を導入

　→西洋の兵器の購入，海軍の創設や軍需産業の移植

・紡績・汽船・製鉄業などの民需産業の移植

　→❽_____敷設，鉱山開発，電信網の整備

⇒のちに❼運動とよばれる

ここがポイント

❼運動はどのような問題点をかかえていただろうか。

3 改革の成果と限界

(1)　❼運動の成果

・❼運動…日本が❾_____以降に実施した富国強兵策を先取り

　→清に一時的安定もたらす＝「❿_____」(1860年代～70年代)

・民需産業の開拓＝中国工業化のきっかけに

(2)　❼運動の限界

・❼運動は清全体の統一した政策になっていたわけではなく，官僚たちの連携もなく，事業の展開は官僚個々の財源と権力に依存する傾向

・民間からの民需産業への投資が抑制され工業化に限界

・❼運動の対象は，軍事力の強化と産業の移植に限定され，清の伝統的な制度や⓫_____的な価値観に対する信頼は維持

⇒日清戦争(1894)で，日本に敗北する一因に

ここがポイント

清は，危機を打開するためにどのような改革をおこなったのだろうか。

問❶ 曾国藩や李鴻章は，なぜ改革に着手したのだろうか。

(1) 清はアヘン戦争を戦って敗北するが，インドからのアヘン流入増加は，清の社会にどのような影響をあたえていたのだろうか。教科書 p.176の写真や，左の図（教 p.176図 3 ）を見て考えてみよう。

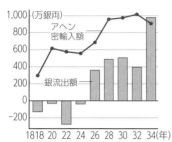

(2) 曾国藩や李鴻章は，なぜ改革に着手したのだろうか。アヘン戦争やアロー戦争での敗北，太平天国の鎮圧もふまえて，簡単にまとめよう。

問❷ 洋務運動は，どのような事業がすすめられたのだろうか。

問❸ 洋務運動の問題点として，何が指摘できるだろうか。

(1) 下の史料「李鴻章と北洋海軍」（教 p.177）で李鴻章が指摘している問題点を簡潔に答えよう。

📖 **⑥ 李鴻章と北洋海軍**(李鴻章の上奏文，1894 年 5 月)

……西洋各国は海軍を強化して海上を縦横に往来し，船式も日進月歩のありさまです。臣❶鴻章も今回烟台❷・大連湾において親しく❸英・仏・露の各軍艦に赴き，詳細に視察いたしましたが，いずれも設備は極めて堅牢で，なかでも英艦がもっとも勝れていると思われました。また，日本はまことに狭苦しい小国ですが，それでも努力して経費を節約し，毎年巨艦を増加しています。しかるに中国は［光緒］14年［1888年］に北洋海軍を創設して以来，今日まで，いまだに一艦をも加えておらず，わずかに現有の大小20余隻の軍艦をもって訓練に努めているにすぎません。ひそかに後難の起こることを恐れております。……
❶私　❷天津条約で開港された登州のこと　❸自ら　　　　　　　　　　　　　　（『世界史史料９』岩波書店）

(2) (1)で確認したこともふまえ，**問❸**への解答をまとめよう。

50 日本の近代化と東アジア

1 日本の近代化

《近代化の推進》

・❶＿＿＿＿＿＿＿＿＿により誕生した新政府…富国強兵を唱えて政治・社会・経済の近代化政策をすすめる

　→日清・日露戦争に勝利，不平等な条約を改正するなど，国際的地位の向上

・経済面では，産業革命(工業化)を推進

・政治面では，❷＿＿＿＿＿＿＿＿＿＿＿を発布(1889)して，天皇を頂点とする立憲君主体制を確立

2 東アジア国際秩序の再編

(1) 明治政府の対清・朝鮮外交…欧米的な通商条約にもとづく国交をめざす

　・清と対等な関係の❸＿＿＿＿＿＿＿＿を締結(1871)

　・朝鮮に対しては，軍艦の挑発による❹＿＿＿＿＿＿＿(1875)をひきおこし，❺＿＿＿＿＿＿＿を結んで開国させる(1876)＝一方的な❻＿＿＿＿＿＿や関税免除の特権などを認めさせた不平等条約

(2) 琉球王国に対する明治政府の政策

　・江戸時代の琉球王国…薩摩藩の支配を受け，他方で清と冊封関係を結び朝貢する「❼＿＿＿＿」状態

　・1872年，明治政府が，一方的に琉球王国を廃し❽＿＿＿＿＿を設置

　　→琉球は従来の「❼」の維持を求めて抵抗

　　→明治政府が，❽を廃止し沖縄県をおく❾＿＿＿＿＿を強行(1879)

3 冊封・朝貢関係の解体

(1) 清の衰退…❾以後，朝貢国を次々と失う

　・❿＿＿＿＿＿(1884〜85)で敗退，ベトナムはフランスの植民地に

　・⓫＿＿＿＿＿はイギリスによりインド帝国に併合される(1886)

(2) 朝鮮をめぐる日本と清の対立

　・日本…❺において朝鮮と清との朝貢関係を否定し，清の朝鮮に対する排他的な地位を認めない姿勢

　・清…通商条約で朝鮮に対する清の宗主権をあらためて確認し日本に対抗

　　→⓬＿＿＿＿＿＿(1894〜95)で，従来の冊封・朝貢関係が解体

　　→⓭＿＿＿＿＿＿(1895)で清に朝鮮が「独立自主の国」であることを認めさせる

　⇒日本の近代化＝東アジアの伝統的な国際秩序(冊封・朝貢関係)を解体し，大陸進出への足がかりとすることをめざす

問いのステップにチャレンジ

問❶ 日本は，琉球と清の関係をなぜ断ち切ろうとしたのだろうか。

問❷ 朝鮮に圧力をかける日本に，清はどのように対応しただろうか。教科書本文や，教科書 p.179の
資料5「朝鮮・清と日本の動き」を参考に答えよう。

問❸ 下関条約によって日本は何を得ただろうか。

(1) 教科書 p.179の図7「日清講和会議」の解説を参照して，日本が清に認めさせた内容を整理しよう。

(2) 日本が下関条約で，清に朝鮮が「独立自主の国」であることを認めさせたことはどのような意味を
もっていただろうか。下の史料「日清講和条約」(教 p.179)の下線部を参照して答えよう。

8 **日清講和条約（下関条約）**
(1895年4月17日)

第1条　清国ハ朝鮮国ノ完全無欠ナル独立自
主ノ国タルコトヲ確認ス。因テ右独立自主ヲ
損害スヘキ朝鮮国ヨリ清国ニ対スル貢献典礼
等ハ将来全ク之ヲ廃止スヘシ

(3) (1)・(2)もふまえ，**問❸**への解答をまとめよう。

第6節 〈考察を深める問い〉　あなたは，欧米諸国の進出に対するアジア諸地域の対応に，なぜこうし
たちがいが生じたと考えるだろうか。

51 第2次産業革命と帝国主義の時代

❓ 節の問い
19世紀末の世界情勢に変化をもたらした要因は何だろうか。

学習課題
列強の帝国主義政策は,自国の政治や社会にどのような影響をおよぼしたのだろうか。

ここがポイント
帝国主義とは,どのような政策や動きをさすのだろうか。

ここがポイント
帝国主義は,労働運動や各国の政策にどのような影響をあたえたのだろうか。

ここがポイント
⓭とはどのような社会だろうか。

1 第2次産業革命と帝国主義の成立

(1) 新しい産業の誕生

・従来のイギリス…綿製品と鉄・石炭(蒸気力)を中心とした産業

→新たに電気と❶＿＿＿＿＿＿＿を動力とする新しい産業が誕生

→電機工業・❶化学工業などの重化学工業の発展に支えられた❷＿＿＿＿＿
＿＿＿＿＿＿＿＿＿＿＿が発展

→遅れて工業化に乗りだした南北戦争後の❸＿＿＿＿＿＿＿＿＿
と統一後の❹＿＿＿＿＿＿＿＿が優位に立つ

(2) 独占企業の誕生と発展

・重化学工業＝大規模な設備投資が必要→大銀行が巨額の資金を貸しつけて産業を支配する❺＿＿＿＿＿＿＿＿＿が形成→大銀行を中心とする巨大な独占企業や財閥が誕生

　例：アメリカの石油❻＿＿＿＿＿＿＿＿(企業合同)であるスタンダード石油の設立者の❼＿＿＿＿＿＿＿＿＿

・独占企業が発展した欧米諸国が工業製品の市場や原料供給地,❽＿＿＿＿＿(カネ)の投下(❽輸出)先を求め海外に植民地や勢力範囲を拡大
＝帝国主義→その対外政策＝❾＿＿＿＿＿＿＿

⇒世界諸地域は欧米諸国により次々と分割される

2 「大砲とバター」の追求—大衆社会のめばえ

(1) 帝国主義と労働運動

・大企業に対抗するために,ドイツやイギリスでは社会主義政党が誕生

・⓾＿＿＿＿＿＿＿＿＿＿＿＿誕生(1889)…国際的な労働組織

→各国政府は,労働災害保険制度の創設,老齢年金の支給などの社会政策の実施や,無償の⓫＿＿＿＿＿＿＿＿＿の拡充などによる労働者階級の懐柔政策を展開＝「大砲(帝国主義)とバター(社会政策)」を同時に追求する政策

→膨大な国家歳入(資金)が必要になる

→財源確保のため,植民地での利権獲得や輸入関税の大幅な引き上げによる
⓬＿＿＿＿＿＿＿＿への転換など,伝統的な自由主義政策を大幅に変更

(2) 欧米列強の国内生活の変化

・「大衆新聞」の出現,ミュージック・ホールでの演劇→熱狂的な愛国主義へ

・海外の植民地から安価な食料や茶・コーヒーなどの生活必需品の大量輸入
→労働者も「砂糖入り紅茶」が楽しめる豊かな⓭＿＿＿＿＿＿＿＿がイギリスで出現

問❶ 帝国主義の経済的な特徴は何だろうか。

(1) 右の図「世界の工業生産に占める各国の割合」(教 p.182図2)から，どのような変化が読み取れるだろうか。イギリス，アメリカ，ドイツの3カ国に注目して説明しよう。

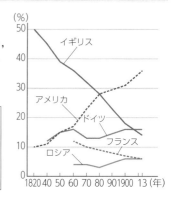

(2) (1)の変化の前提となった，第2次産業革命について説明しよう。

(3) (2)もふまえ，**問❶**への解答をまとめよう。

問❷ 第2インターナショナルの決議は，労働者保護を，誰に要求しているだろうか。下の史料「第2インターナショナル・パリ大会の決議」(教 p.183)から確認しよう。

4 第2インターナショナル・パリ大会の決議(1889年)

　パリ国際労働者大会は，労働と人類の解放の出発点が，階級として国際的に組織されたプロレタリアートが資本主義の収奪と生産手段の社会的所有化を実現するために政治権力を獲得することにあると確信し，……資本主義的な生産様式に支配されているすべての国において効果のある労働者保護立法が絶対に必要だと決議する。その立法の基礎として，大会は要求する。
(a) 青年労働者の労働日は最長8時間に決めること
(b) 14歳以下の児童の労働の禁止……
(e) 女性と18歳以下の青年労働者の夜間労働の禁止
(m) ……国家の支給による，少なくとも半数が労働者から選ばれた工場監督官による，すべての作業場の監視

(『世界史史料6』岩波書店)

問❸ イギリスの大衆社会の特徴は何だろうか。

52 帝国主義諸国の抗争と世界分割

ここがポイント

列強はどのようにしてアフリカ分割をすすめたのだろうか。

- - - - - - - - - - -

- - - - - - - - - - -

- - - - - - - - - - -

- - - - - - - - - - -

- - - - - - - - - - -

- - - - - - - - - - -

- - - - - - - - - - -

ここがポイント

列強はどのようにしてアジア太平洋地域に進出したのだろうか。

- - - - - - - - - - -

- - - - - - - - - - -

- - - - - - - - - - -

- - - - - - - - - - -

- - - - - - - - - - -

- - - - - - - - - - -

- - - - - - - - - - -

- - - - - - - - - - -

- - - - - - - - - - -

- - - - - - - - - - -

- - - - - - - - - - -

- - - - - - - - - - -

- - - - - - - - - - -

- - - - - - - - - - -

1 列強の世界政策

(1) 植民地や勢力範囲の獲得をめぐる三つの植民地戦争の勃発

- ❶＿＿＿＿＿＿＿＿＿＿＿＿＿＿＿＿＿＿＿＿＿＿(1899～1902)…イギリスが
  ひきおこし，金鉱山地帯をふくむ南部アフリカで植民地拡大

- ❷＿＿＿＿＿＿＿＿＿＿＿＿＿＿＿＿＿＿＿＿＿＿(1898)…アメリカが
  おこしてカリブ海域と太平洋で植民地を獲得

- 中国北部での❸＿＿＿＿＿＿＿＿＿＿＿(1900～01)…日本とロシアを主力
  とする8カ国連合軍が北京を攻略

  →清は巨額の賠償金支払いと外国軍の北京駐留を認める

(2) イギリスとロシアの対立

- バルカン半島・中央アジア・極東でユーラシア大陸規模での勢力圏拡張を
  競う❹＿＿＿＿＿＿＿＿＿＿＿＿＿＿＿を展開…クリミア戦争や，日
  英同盟を締結した日本を巻きこんだ❺＿＿＿＿＿＿＿＿＿もその一環

2 分割されるアフリカ・アジア太平洋地域

(1) 列強のアフリカ分割の本格化

- ❻＿＿＿＿＿＿＿＿＿＿＿＿＿＿＿(1884～85)で占領国の優先的な領有権承認

  →列強のアフリカ分割が大陸の内陸部までおよぶ

  《イギリスの進出》…エジプトとケープ植民地を結ぶ大陸❼＿＿＿＿＿政策

  - ❶でオランダ系住民の二つの共和国を併合，自治領の❽＿＿＿＿＿＿＿
    ＿＿＿＿を発足させる(1910)

  《フランスの進出》…西アフリカ地域を中心に大陸❾＿＿＿＿＿政策を推進

  《❿＿＿＿＿＿＿の進出》…南西アフリカや東アフリカで植民地を領有

- 中部アフリカのコンゴ地域は⓫＿＿＿＿＿＿＿＿国王の私領に→例外的
  に自由貿易原理を適用→日本も綿布やメリヤスなどの生活雑貨品を輸出

(2) 世界分割の舞台となったアジア太平洋地域

- 白豪主義を掲げる⓬＿＿＿＿＿＿＿＿＿＿＿＿＿形成(1901)，
  ニュージーランドとともにイギリスの自治領に

  《アメリカの進出》…新たな市場を求めて海外膨張政策展開

  - ❷でキューバと⓭＿＿＿＿＿＿＿＿＿＿を事実上の植民地として確保

  - ⓮＿＿＿＿＿＿＿を併合(1898)

  - 国務長官ジョン＝ヘイの「⓯＿＿＿＿＿＿＿＿＿＿」を通じて，中
    国に対して自由貿易原理を適用した経済的な進出はかる

  - ⓰＿＿＿＿＿＿＿＿＿の建設に着手(1903)

問いのステップにチャレンジ

問❶ 19～20世紀の転換期におきた大規模な植民地戦争をあげてみよう。

問❷ 「実効ある領有」を規定した史料4「ベルリン会議一般議定書」(教 p.185)の第34条は，なぜ問題になるのだろうか。

(1) 第34条はどのようなことを規定しているのだろうか。史料を読んで簡単に説明しよう。

4 ベルリン会議一般議定書(1885年)

第10条　第1条で述べた，自由貿易体制のもとに置かれた領域において，貿易と産業を発展させるために安全を新たに保証し，平和の維持によって文明化を助長するために，本議定書の調印国および今後本議定書を採択する国は，当該領域に属する地域もしくは地域の一部の中立を尊重する義務を有する。……

第34条　現有する領域外のアフリカ大陸沿岸で今後土地を領有しようとする国，もしくはこれまで領有地をもたず今後領有しようとする国，および保護国をもとうとする国は，必要とあれば本議定書の他の調印国が自らの適切な要求を行いうるように，領有行為に伴って，他の調印国に向けて当該行為についての通告を行わなければならない。

(『世界史史料6』岩波書店)

(2) (1)で確認したこともふまえ，**問❷**への解答をまとめよう。

問❸ アジア太平洋世界の分割競争に参入したアメリカの政策の特徴は何だろうか。

> **第1節** ▶**考察を深める問い**　あなたは，列強の帝国主義政策は，20世紀初頭の世界をどのように変容させたと考えるだろうか。

帝国主義政策のもとで変貌する東アジア

❓ 節の問い
アジア諸地域は帝国主義政策にどのように対応し抵抗したのだろうか。

学習課題
日清戦争と日露戦争は，東アジアにどのような影響をあたえただろうか。

ここがポイント
日清戦争後，日本はどのように朝鮮半島に進出したのだろうか。

---

① 日本の大陸進出と朝鮮

(1) 日清戦争後の朝鮮

・日本が朝鮮の王妃・閔妃を暗殺(1895)→朝鮮で日本への反発強まる

・朝鮮は国内改革をすすめ，国号を❶_____(韓国)と改称(1897)

→日本とロシアがその権益をめぐり対立→❷_____勃発(1904)

(2) 日本の大陸進出

《朝鮮》・1904年，第１次❸_____で日本が推薦する財政・外交顧問の採用を❶に認めさせる

・1905年，第２次❸で❶の外交権をうばう

・1907年，第３次❸で❶の行政権・司法権をうばい軍隊を解散

→❹_____(1910)…❶を日本の植民地とする

→❺_____を設置

《中国東北地域(満洲)》…❷の勝利によって利権を獲得

・日露協約によりロシアと満洲・内モンゴルにおけるたがいの勢力範囲を画定

② 中国の改革と革命

ここがポイント
中国の改革や排外運動は，どのようにすすめられたのだろうか。

(1) 日清戦争後の中国…中国分割の危機→改革や排外運動がおこる

・❻_____や梁啓超による❼_____開始(1898)

→❽_____ら保守派による❾_____をまねき失敗

・「扶清滅洋」をスローガンとした❿_____の排外運動

→清の保守派が各国に宣戦→８カ国連合軍に敗北(❿戦争，1900〜01)

・❿鎮圧後，清は改めて日本をモデルにした改革に着手＝⓫_____

→立憲君主政へ移行する方針を決定(1906)

→民間でも国会の即時開設を求める立憲運動が発展，清の打倒を目的とした⓬_____らの革命運動もはじまる

(2) 辛亥革命

・湖北省武昌で清の駐留軍の蜂起から革命の動きが各地に波及(1911)

→⓬を臨時大総統とする⓭_____が南京に成立(1912)

→⓮_____により宣統帝が退位させられ，清滅亡

→⓬にかわり⓮が臨時大総統に就任

③ 周縁から見た中華民国

ここがポイント
⓭はどのような国家をめざしたのだろうか。

・外モンゴル…辛亥革命に際し独立を宣言

・⓯_____…1913年に独立を主張

⇔⓭は「五族共和」を唱えて清の領土を継承，周縁部の独立要求は認めず

問❶ 日露戦争と日本の朝鮮支配は，どのように関係していただろうか。

(1) 日露戦争勃発直後に結んだ第1次日韓協約と，日露戦争終結後に結んだ第2次・第3次日韓協約の内容をそれぞれ整理してみよう。

第1次日韓協約	
第2次日韓協約	
第3次日韓協約	

(2) (1)で確認したこともふまえ，**問❶**への解答をまとめよう。

問❷ 変法運動が失敗した理由として，何が指摘できるだろうか。

(1) 右下の囲みは，左下の史料(教 p.189)をもとに，康有為が訴えていることを簡単にまとめたものである。右下の文章中の空欄に当てはまる語を答えよう。

4 康有為の制度改革提案(光緒帝への上奏文，1898年1月)

日本の維新の始まりを考えますに，三点があります。第一には，広く群臣に旧習を改め維新をはかり，天下の輿論を採用し，各国の良法を取り入れることを約束したこと，第二には，朝廷に制度局を開創して，天下のすぐれた人材20人を抜擢して参与とし，一切の政治要件および制度を刷新したこと，第三には待詔所[上書所]を開設して，天下の人士に上書を許し，国主が常時これを通覧し，適切な考えを述べた者は制度局に所属させたことです。これらはまことに変法を行なうための綱領であり，政策実現のためのみちすじであって，他に別の方法はないのであります。…… 『世界史史料9』岩波書店

日本の（ A ）をモデルとし，以下の三点を見習って改革をおこなうべきと訴えている。
①旧制度の見直しをおこない，他国の（ B ）や制度を取り入れること
②（ C ）を開設し，政治制度の改革・刷新の中心とすること
③広くさまざまな階層の人の意見を取り入れ，すぐれた（ D ）を積極的に（ C ）に採用すること

A ( )　B ( )　C ( )　D ( )

(2) (1)もふまえ，**問❷**への解答をまとめよう。

問❸ 中華民国は，なぜ周縁部地域の独立を認めなかったのだろうか。

アジアにおける変革と抵抗の契機

学習課題

アジア諸地域で抵抗や変革が生まれる契機は，どこにあっただろうか。

ここがポイント

アジア諸地域で，民族運動を支える❼家が生まれた背景にはどのような事情があるだろうか。

1 民族運動の多様な契機

・アジア各地で帝国主義政策に反対する民衆の運動…インド大反乱など

・アジア各地で新たな社会層の誕生，独自の貿易ネットワークが形成

　→民族運動の基盤となる経済の発展を刺激

2 アジア間貿易と民族資本

(1)　綿紡績業をめぐるアジア間の競争

・イギリス植民地支配下のインドで綿紡績業を中心に工業化の進展

・インドの❶＿＿＿＿＿は大阪を中心とした日本の紡績業の原料として輸出

　→インドと日本の❷＿＿＿＿＿は中国に輸出され，それを原料とする手織綿布が中国国内に販売される

　→イギリス産❷は，アジア間の競争に耐えきれず脱落

・中国でも，第一次世界大戦がはじまると上海などで綿紡績業発展

　→中国市場は❷をめぐるインド・日本・中国紡績業のはげしい競争の場に

(2)　日本からの貿易

・❸＿＿＿＿＿・東南アジア・インドに向けて生活雑貨品を大量に輸出

　→輸出入で❹＿＿＿＿＿や❺＿＿＿＿＿が活躍。のちに大阪の商人も参入

　⇒19世紀末には❻＿＿＿＿＿が形成…東アジア・東南アジア・南アジアを経済的に結びつける

　→インドや中国で工業化進展→❼＿＿＿＿＿が形成される

3 新しい知識人層の形成

《インド》…新たな中間階層・知識人層の形成，イギリスへの留学の増加

・西洋的教養を身につけた人々が，下級・中級官吏，弁護士，教師，ジャーナリスト，商人などの職業につく

　→イギリスの植民地統治に批判的まなざし

《東南アジア》…西洋式教育を受けた新しい知識人層が，ベトナム・フィリピン・インドネシアでも形成

《中国》

・新政を開始した清は，官僚を育成するため日本を中心とした外国に大量の留学生を派遣

　→留学生のなかから❽＿＿＿＿＿の革命運動を支持する学生・知識人が出現

・中華民国成立後，しだいに❾＿＿＿＿＿への留学生増加

　→帰国後，実業界・教育界などに進出し，民族運動の一翼を担う知識人として活躍

ここがポイント

新しい知識人層が形成されたことは，その後の各国の動きにどのような影響をもたらしただろうか。

問いのステップにチャレンジ

問❶ 19世紀末のアジア間
貿易の構造を整理してみ
よう。

(1) 右の地図中の空欄に
当てはまる産物や貿易
品を答えよう。

A (   )

B (   )

C (   )

D (   )

凡例:
- ボンベイ航路(1893年当時)
- → 印僑の移動
- ⇢ 華僑の移動
- □ おもな交易品

地図中の地名・表記:
北京、清、神戸、東京、日本、ボンベイと大阪から中国市場へ、香港、日本からの帰り荷 D、台湾、インド帝国、ボンベイ、ビルマ、C、フランス領インドシナ、タイ、C、ボンベイからの積荷 A、フィリピン、セイロン、コロンボ、シンガポール、マラヤ、スマトラ、ボルネオ、オランダ領東インド、ジャワ 砂糖、B

(2) (1)もふまえ，**問❶**への解答をまとめよう。

問❷ アジア間貿易や工業化は，なぜ民族運動の契機になったのだろうか。

問❸ イギリスで学んだガンディーは，のちになぜ植民地支配に反感を抱くようになったのだろうか。
既習事項もふまえて考えよう。

第2節 考察を深める問い 列強の帝国主義政策にもかかわらず，なぜアジアで独自の地域間貿易が
形成されたのだろうか。

113

55 ロシア革命とソ連の成立

❓節の問い
なぜロシア革命は第一次世界大戦の末期におきたのだろうか。

学習課題
ロシア革命はどのように展開しただろうか。

ここがポイント
第一次世界大戦はヨーロッパにどのような変化をおよぼしただろうか。

ここがポイント
第一次世界大戦中のロシアは，どのような社会状況だったのだろうか。

ここがポイント
帝政ロシア崩壊後，どのように革命が進行し，また，どのようにソ連が成立したのだろうか。

1 第一次世界大戦

《第一次世界大戦の展開》

・バルカン半島における民族や列強の利害対立を契機に勃発(1914.7)

　→同盟国と連合国(協商国)の二つの陣営に分かれて展開

　→日本も❶＿＿＿＿＿＿＿＿＿を理由に連合国側で参戦

・国力のすべてを費やす❷＿＿＿＿＿＿＿の結果，膨大な数の犠牲者

　→同盟国側のドイツの敗北によって終結(1918.11)

・第一次世界大戦の大きな転換点…❸＿＿＿＿＿＿＿の参戦と❹＿＿＿＿＿＿＿＿＿(1917)

⇒4つの帝国が，第一次世界大戦をきっかけに崩壊

2 ロシア革命

(1)　帝政ロシアの崩壊

・首都❺＿＿＿＿＿＿＿で労働者のストライキと暴動勃発(1917.3)

　→各地で労働者と兵士の❻＿＿＿＿＿＿＿(評議会)が組織

　→立憲民主党などの自由主義派が臨時政府を組織，❼＿＿＿＿＿＿＿＿＿を退位させる(＝❽＿＿＿＿＿＿，西暦では三月革命)

　→臨時政府は戦争を継続し，国内は❻と臨時政府との二重権力状態

(2)　臨時政府の打倒

・亡命先のスイスから❾＿＿＿＿＿＿＿が帰国，ボリシェヴィキを指導

　→❿＿＿＿＿＿＿を発表して「すべての権力を❻へ」とよびかけ

・社会革命党の⓫＿＿＿＿＿＿＿が臨時政府首相となるも反革命派の反乱勃発→ボリシェヴィキの力で鎮圧

　→ボリシェヴィキが武装蜂起し，臨時政府を倒して政権獲得

　　(＝⓬＿＿＿＿＿＿，西暦では十一月革命)

・❾は武力で議会を解散し，ボリシェヴィキの一党独裁を実現(1918.1)

3 ソ連の成立

・❾が「⓭＿＿＿＿＿＿＿＿＿＿＿」を発表(1917.11)

　→無併合・無償金・民族自決による公正な講和を提示。交戦国は無視

・ドイツと⓮＿＿＿＿＿＿＿＿を結び大戦から離脱(1918)

　→ポーランド，バルト三国，フィンランド，ウクライナなどの領土を放棄

・❻政権への反発…国内で反革命の動き＋対ソ干渉戦争の勃発

　→❻政権は⓯＿＿＿＿＿を組織して対抗するとともに経済の統制をすすめる

　→⓰＿＿＿＿＿＿＿＿＿＿＿(ソ連)の成立(1922)

問いのステップにチャレンジ

問❶ 二月革命はどのような背景からおこったのだろうか。

問❷ 二月革命後，臨時政府はなぜ戦争を継続したのだろうか。

(1) 右の図「各交戦国の人的被害」(教 p.193図7)より，第一次世界大戦での人的被害について，他国と比べてロシアがどのような状況であったと読み取れるだろうか。簡単にまとめよう。 (単位：千人)

	フランス	ロシア	イギリス	ドイツ	オーストリア=ハンガリー
全人口(うち男性)	39,192(19,254)	160,700(78,790)	40,460(19,638)	64,296(32,040)	51,356(25,374)
軍隊に動員された男性(割合〈%〉)	8,660(45.0)	13,700(17.4)	6,211(31.6)	13,250(41.4)	8,000(31.5)
死者	1,400	1,660	745	2,045	1,100
負傷者	1,700	3,749	1,693	4,148	5,300
民間人の死者	500	5,050	292	624	2,320

(2) 当時のロシアの経済的状況や外交に着目しながら，**問❷**への解答をまとめよう。

問❸ 史料4「平和に関する布告」(教 p.193)から，無併合・無償金(無賠償)のほかにどのような原則が読み取れるだろうか。

(1) 下の史料中の無併合・無償金以外のもう一つの原則について記された部分に下線を引こう。

📖4 平和に関する布告 (1917年11月8日)

　……政府は，すべての交戦諸民族とその政府に対して，公正で民主的な講和についての交渉を即時に開始することを提議する。
　公正な，または民主的な講和は，戦争で疲れはて苦しみぬいているすべての交戦諸国の労働者階級と勤労者階級の圧倒的多数が待ちのぞんでいるものであり，……政府がこのような講和とみなしているのは，無併合……無賠償の即時講和である。……
　政府が併合または他国の土地の略奪と理解しているのは，……弱小民族が同意または希望を正確に，明白に，自由意志で表明していないのに，強大な国家が弱小民族を統合することである。……その民族がヨーロッパに住んでいるか，遠い海外諸国に住んでいるかにもかかわりない。……　　　　　(『世界史史料10』岩波書店)

(2) (1)で下線を引いた内容を簡潔にまとめるとどのような原則だろうか。

56 大戦の終結とロシア革命の影響

ここがポイント

大戦で崩壊した4つの帝国から独立したのは，どのような国だろうか。また，独立を認められなかった民族はどのような民族運動を展開したのだろうか。

1 民族自決と独立

(1) 民族自決の原則の提示

・アメリカ大統領❶＿＿＿＿＿＿＿＿＿＿，❷＿＿＿＿＿＿＿＿＿＿を発表し，戦争目的や民族自決の原則など戦後構想を提示(1918.1)

→大戦後，中部および東部ヨーロッパでは多くの独立国が誕生

→さまざまな民族が混在し，それぞれの国内には少数民族がふくまれる

(2) 大戦後の独立国

・旧ロシア帝国領…❸＿＿＿＿＿＿＿＿＿＿，バルト三国が独立を宣言

・オーストリア＝ハンガリー帝国…各民族の解放運動おこる

→❹＿＿＿＿＿＿＿＿＿の指導のもとチェコスロヴァキア共和国独立宣言

→帝国内の各民族がそれぞれ独立を宣言→❺＿＿＿＿＿＿＿も分離し共和国として独立

⇒帝国は解体し，オーストリアはドイツ人中心の共和国に

・バルカン半島…スロヴェニア・クロアティア・セルビアなどの南スラヴ人が統合→のちに❻＿＿＿＿＿＿＿＿＿＿が成立

・ドイツ帝国…大戦末期に革命勃発，皇帝❼＿＿＿＿＿＿＿＿＿が退位して共和国に

→領土縮小によりドイツ人は独立した諸国の少数民族として組みこまれる

(3) 大戦後のアジア

・アジアの諸民族には民族自決の原則は適用されず

→オスマン帝国支配下にあったアラブ人が多く占める地域や❽＿＿＿＿＿＿，イギリスからの支配の解放を求めていたインドは連合国側の勝利に貢献したが独立は認められず，民族運動が活発化

2 ロシア革命の影響

ここがポイント

ロシア革命は世界にどのような影響をあたえただろうか。

・レーニン…モスクワに❾＿＿＿＿＿＿＿＿＿（共産主義インターナショナル）を組織

→社会主義政党を結びつけた世界革命と各地の民族解放運動の革命運動化をめざす

⇔ヨーロッパ各地でおこった革命運動は長つづきせず

・中国…❾の支援をえて，陳独秀らが❿＿＿＿＿＿＿＿＿＿を創設

・モンゴル…中国の圧迫に対し民族運動が活発化

→⓫＿＿＿＿＿＿＿＿＿らが人民革命党を結成して勢力を拡大

→人民共和国として独立(1924)

問❶ ウィルソンはなぜ戦争目的を発表する必要があったのだろうか。

問❷ 史料4「ウィルソンの十四カ条」(教 p.197)の10条は、どのようなことを求めているだろうか。

4 ウィルソンの十四カ条(1918年1月8日)

われわれが、この戦争の結末として要求することは、われわれに特殊なことではまったくありません。それは、世界が健全で安全に生活できる場となることであり、とりわけ、すべての平和愛好家にとって安全となることです。……

5 すべての植民地に関する要求は、自由かつ偏見なしに、そして厳格な公正さをもって調整されねばならない。主権をめぐるあらゆる問題を決定する際には、対象となる人民の利害が、主権の決定をうけることになる政府の公正な要求と平等の重みをもつという原則を厳格に守らねばならない。

10 われわれは、オーストリア＝ハンガリーの人々が民族としての地位を保護され保障されることを望んでいる。彼らには自治的発展のため、最大限の自由な機会を与えられるべきである。

14 大国と小国とを問わず、政治的独立と領土的保全とを相互に保障することを目的とした明確な規約のもとに、国家の一般的な連合が樹立されねばならない。

(『世界史史料10』岩波書店)

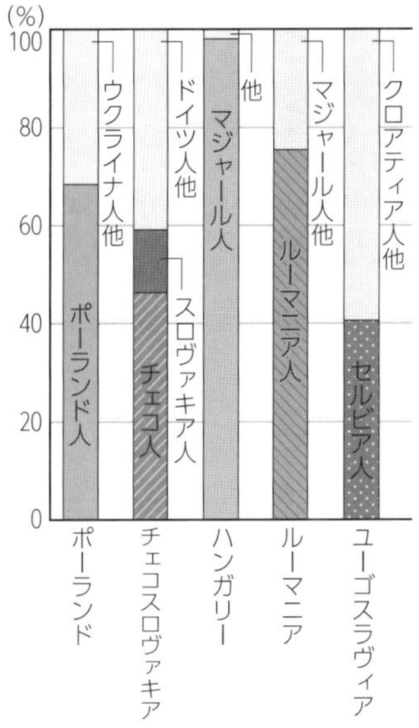

問❸ 新興独立国はどのような問題をかかえることになっただろうか。

右の図「第一次世界大戦後の中部・東部ヨーロッパ諸国の民族構成」

(教 p.197図6)も参考にして考えよう。

第3節 ◤考察を深める問い◢ あなたは、第一次世界大戦で崩壊した4つの帝国のいずれの崩壊がもっとも大きな意味をもったと考えるだろうか。

57 ヴェルサイユ＝ワシントン体制の成立

ここがポイント

敗戦国ドイツは，どのような取り決めを受諾させられたのだろうか。また，ドイツ国内ではどのような変化があっただろうか。

ここがポイント

ワシントン会議での取り決めは，どのような意図のもと，どのような内容のものになっただろうか。

ここがポイント

国際連盟は，どのような背景から，どのような方針で設置されたのだろうか。また，その限界はどのようなものだっただろうか。

ここがポイント

ヴェルサイユ条約を補完する形で締結された二つの条約について，その内容と目的はどのようなものだっただろうか。

1 ヴェルサイユ条約とドイツ

・❶_____(1919)で敗戦国にきびしい内容の講和条約

→❷_____調印(対ドイツ)：領土削減，海外
植民地放棄，軍備制限，❸_____支払いなど

《ドイツの動き》

・❷に対して不満生じる，左右両派の動きが活発化して政治は不安定

・政府…❹_____制定(民主的な憲法)

・フランス・ベルギーによる❺_____(工業地帯)占領(1923)

→工業生産低下→急激な❻_____

2 ワシントン会議

・ワシントン会議(1921〜22)…アメリカの提案により開催

→新たな国際秩序づくりが議題＝❼_____の勢力拡大を牽制する内容

○❽_____…米・英・仏・日。太平洋地域の現状維持めざす

○❾_____…中国の主権尊重・門戸開放・機会均等など定める

○❿_____…各国の主力艦保有比率・上限を決定

3 国際連盟の設立

・第一次世界大戦で大きな人的被害→戦争回避を検討する国際協調の気運
⇒国際連盟の設置

：⓫_____が十四カ条で提唱した国際平和維持機構構想
が❷において実現，世界初の集団安全保障機構

○最高決定機関…全加盟国による⓬_____

○専門機関…常設国際司法裁判所，⓭_____（ＩＬＯ），
国際連盟保健機関など設立

《課題》⓬での⓮_____を議決の原則とし，国際紛争を停止さ
せる軍事力もたず→平和維持の決定的機能を発揮できず

4 平和構築への取り組み

・ヨーロッパの7カ国，⓯_____調印(1925)

…ドイツと周辺諸国の国境維持と領土不可侵，⓰_____
の非武装化確認，国際紛争の仲裁などの安全保障を約定

→ドイツと周辺諸国の緊張緩和，ドイツの国際連盟加盟とともに発効(1926)

・欧米列強や日本など15カ国，⓱_____(ケロッグ＝ブリアン条
約)調印(1928)…戦争を違法とし，国際紛争解決手段としないことを宣言

⇒世界の安全保障をめざしたヴェルサイユ＝ワシントン体制成立

問❶ ワシントン会議での決定は，日本にとってはどのような意味があっただろうか。

問❷ 国際連盟は何のために設立されただろうか。また，国際連盟はどのような機能をもっていただろうか。次の表に整理しよう。

設立された目的	
国際連盟の機能	

問❸ ロカルノ条約や不戦条約にはどのような意味があっただろうか。

(1) 史料7「ロカルノ条約」(教 p.199)と史料8「不戦条約」(教 p.199)を読み，史料中の空欄に入る語を答えよう。

7 ロカルノ条約(1925年)

第1条　締約国は，個別および集団的に，以後の条約において規定されているように，(a)・ベルギー間と，(a)・フランス間の国境に由来する領土の現状維持ならびに，1919年6月28日に(b)で調印された講和条約により画定され，遂行された当該国境の(c)，および軍備禁止地域に関する前述の条約の第42条および第43条の規定の遵守を保障する。
『世界史史料10』岩波書店)

8 不戦条約(1928年)

第1条　締約国ハ，国際紛争解決ノ為(d)ニ訴フルコトヲ非トシ，且其ノ相互関係ニ於テ国家ノ政策ノ手段トシテノ(d)ヲ放棄スルコトヲ，其ノ各自ノ人民ノ名ニ於テ厳粛ニ宣言ス

a (　　　　　)　b (　　　　　)　c (　　　　　)　d (　　　　　)

(2) (1)もふまえ，**問❸**への解答を考えよう。

第4節 〈考察を深める問い〉　第一次世界大戦後の平和構築や軍縮においては，どのようなところに重点がおかれただろうか。

58 アメリカ合衆国の台頭

? 節の問い

戦勝国である英仏両国の力が低下するなかで,アメリカ合衆国の経済力が台頭した要因は何だろうか。

ここがポイント

第一次世界大戦は,ヨーロッパとアメリカの経済にどのような影響をあたえただろうか。

ここがポイント

アメリカの1920年代の好景気には,どのような要因が存在したのだろうか。また,この好景気はアメリカ社会にどのような変化をもたらしただろうか。

ここがポイント

労働者に余裕が生じた結果,人々の生活様式にはどのような変化が生まれただろうか。また,それは世界にどのような影響をあたえただろうか。

1 アメリカ経済の発展

(1) アメリカの参戦とその影響

・アメリカの参戦…1917年4月,❶＿＿＿＿＿＿＿側で参戦

　→大きな兵力を戦線に送る,西部戦線でのドイツ反攻を阻止 ┐

　　英・仏などに武器供与・戦費貸与━━━━→❶の勝利に大きな役割

・戦地となったヨーロッパ諸国…労働力低下・工業生産停滞

　→アメリカでは❷＿＿＿＿＿＿＿を中心とする工業生産と,西部農業地帯での食料生産が増加

(2) 戦後アメリカの経済的影響力の高まり

・ヨーロッパの戦勝国に大戦中の❸＿＿＿＿＿の返還を求める

　→アメリカは,戦前の❸国から,戦後は❹＿＿＿＿国に

・賠償金の支払いに苦しむドイツに対し,❺＿＿＿＿＿策定(1924)

　→賠償金額を削減＋ドイツに新たに多額の借款

　→ドイツの支払いを容易にして戦勝国からアメリカへの❸返還も可能に

・世界第一の生産能力の達成(＝高い国際競争力)＋❻＿＿＿＿貿易政策

⇒世界の資本がアメリカに集中

　→金融の中心…ロンドンから❼＿＿＿＿＿＿＿＿へ

2 大量生産・大量消費の時代

・❽＿＿＿＿＿党政権のもと,企業への減税・新たな投資促進

　→戦後不況から脱却→1922～25年に経済が急激に拡大

　→❾＿＿＿＿やアフリカ系の人々にも好条件での雇用の機会

　→都市では労働者人口増加,賃金の上昇・生活の安定

　→❿＿＿＿＿活動の活発化

　→電気冷蔵庫などの⓫＿＿＿＿＿＿や⓬＿＿＿＿＿＿が各家庭に行きわたる＝大量生産・大量消費の時代の到来

・女性の社会進出の機会も増える→女性⓭＿＿＿＿＿獲得につながる

3 アメリカ的生活様式の広がり

・賃金労働者の余裕のある生活→余暇が生じる

　→⓮＿＿＿＿＿などの音楽,映画,ミュージカル,⓯＿＿＿＿やボクシングなどのスポーツ観戦→外国出身者や❾も楽しめる

・⓰＿＿＿＿＿＿＿・新聞などマスメディアの普及,⓫の使用

⇒アメリカ人の生活様式…世界の最先端に→ヨーロッパや日本にも影響

　日本…大正デモクラシーの影響下,マスメディアの発達・映画などの上映

問いのステップにチャレンジ

問❶ 世界のなかでアメリカの経済的地位はどのように変化しただろうか。第一次世界大戦中の経済の流れも考慮しつつ，答えよう。

問❷ 史料5「ジーン＝リチャード『組み立てラインで働く』」(教 p.201)から，フォードが開発した流れ作業には，どのような特徴があったことがわかるだろうか。

(1) 史料を読み，以下の文章中の空欄に当てはまる語を下の語群から選ぼう。

5 ジーン＝リチャード「組み立てラインで働く」 (1937年)

甲高い音が鳴る。……コンベアがすぐに動き出す。不思議なほど自然に，工員たちは持ち場につき，仕事を始めている。私のそばの男は空気スパナの二つのハンドルを握り，それをそのあと一日中握っている。これが彼の作業のすべてだ。……一つの姿勢，一つの作業が一日中続く。……
　……一つの作業に何時間もついていると，私個人に要求されているのは自分の身体を機械として動かすだけの意識を保っていればよいことがわかってくる。……私は労働の一つの単位であって，労働の値段は安いのだ。……

(有賀夏紀他編『史料で読むアメリカ文化史4』東京大学出版会)

フォードが開発した流れ作業は，（a　　　　　　　　）を用いて部品や半製品を運搬し，作業を細かく分割することで，一人ひとりの作業を（b　　　　　　　　）化した。労働者は決められた作業を一日中つづけることになり，それには労働者の経験や（c　　　　　　　　）した技能は不要であった。

【語群】 熟練，単純，複雑，ベルトコンベア

(2) (1)の結果，生産台数と製品の価格はどのようになったか，考えてみよう。

問❸ アメリカの人々の生活の変化は，日本にはどのように伝わっただろうか。

第5節 考察を深める問い　あなたは，アメリカ合衆国の勢力拡大は，世界各地にどのような影響をおよぼしたと考えるだろうか。

 **59 東アジアのナショナリズムとその基盤**

❓節の問い
第一次世界大戦によって，なぜアジア・アフリカのナショナリズムは強まったのだろうか。

学習課題
東アジアの民族運動に幅広い社会層が参加するようになった理由は何だろうか。

ここがポイント
❻が成立するまでの過程はどのようなものだっただろうか。

ここがポイント
日本の統治方法は❶運動の前後でどのように変化したのだろうか。

ここがポイント
❹党と❺党はなぜ再び対立したのだろうか。

1 東アジアの民族運動とその背景

(1) 民族自決の機運の高まり

・朝鮮…独立を求める❶＿＿＿＿＿＿＿＿運動 (1919)

・中国…日本の❷＿＿＿＿＿＿＿＿＿の取消しと山東権益の返還を求める❸＿＿＿＿＿＿運動 (1919)

　→コミンテルンの支援のもとで❹＿＿＿＿＿＿党と❺＿＿＿＿＿党が提携し❻＿＿＿＿＿＿＿＿成立 (1924)

　⇒分裂状態にあった中華民国の統一と外国勢力の排除をめざす❼＿＿＿＿＿＿が発展

《民族運動の進展の背景》…ナショナリズムの成長を支える大衆的な基盤拡大

2 朝鮮―決起する大衆―

(1) 韓国併合前の反日民族運動

・武装による❽＿＿＿＿＿＿＿がさかん

・❾＿＿＿＿＿＿運動…教育・実業の振興などを通じ民族独立精神の育成訴える→知識人や学生，商工業者や両班・地主などが参加

(2) ❶運動 (1919)

・❾運動のときの知識人や学生などともに農民や労働者が新たに運動に参加

　→朝鮮全体で約200万人が参加…大衆的な基盤のもとで展開

　→❿＿＿＿＿＿＿＿は強圧的な方法を改め朝鮮の日本への同化を重視する融和的な統治方法を採用

3 中国―統一戦線の形成―

(1) 統一戦線の形成

《背景》…第一次世界大戦中における輸入代替工業化の進展

・上海などで⓫＿＿＿＿＿＿が成長

　→工場労働者が独自の勢力として形成されはじめる

・⓬＿＿＿＿＿＿＿…儒教批判や個人の確立を訴える

　→学生や知識人に近代的な国民としての自覚をうながす

・❼…❹党と❺党が労働者と農民を革命運動に組織して動員

(2) 統一戦線の分裂

・民族運動における立場や利害のちがいが顕在化

　→❹党の⓭＿＿＿＿＿＿が上海の⓫の支援を受け❺党と労働者を弾圧 (1927)

　⇒統一戦線分裂の危機

問❶ 三・一独立運動が，日本から独立を求めた理由は何だろうか。史料「三・一独立運動の宣言書」（教 p.205）から考えてみよう。

(1) 史料を読み，空欄に入る語を答えよう。

4 三・一独立運動の宣言書(1919 年 3 月 1 日)

　われらはここに我が朝鮮の（　a　）国であることと朝鮮人の（　b　）民であることを宣言する。……
　当初から民族的要求として出されたものではない両国併合の結果が，畢竟，姑息な威圧と差別的な不平等と統計数字上の虚飾の下で，利害相反する両民族の間に，永遠に和合することのできない怨恨の溝をますます深くさせている今日までの実績を見よ。……今日われらの朝鮮（　a　）は，朝鮮人をして正当なる生活の繁栄を遂げさせると同時に，（　c　）をして邪道より脱して東洋の支持者としての重責を全うさせるものであり，また中国をして夢寐にも忘れ得ない不安や恐怖から脱出させるものである。さらに東洋の（　d　）を重要な一部とする世界の（　d　），人類の幸福に必要なる段階となさしめるものである。これがどうして区々とした感情上の問題であろうか。……

（『世界史史料10』岩波書店）

　　　a (　　　　　　　) b (　　　　　　　) c (　　　　　　　) d (　　　　　　　)

(2) (1)もふまえ，**問❶**への解答をまとめよう。

問❷ 国民革命に広範な社会層が参加した背景は何だろうか。

問❸ 蒋介石は，なぜ共産党と労働者を弾圧したのだろうか。

(1) 蒋介石がおこなった共産党と労働者の弾圧を支援したのはどのような人々だろうか。教科書 p.190～191 もふり返って説明しよう。

(2) 共産党はどのような主張をもつ人々だろうか。

(3) (1)・(2)もふまえ，**問❸**への解答をまとめよう。

60 アジアのナショナリズム

学習課題

民族自決主義はアジア・アフリカにどのような影響をあたえただろうか。

ここがポイント

トルコはどのようにして近代化をすすめていったのだろうか。

ここがポイント

現在の西アジアにおける民族問題の出発点はどこにあるのだろうか。

ここがポイント

それぞれの地域で，民族運動の中心となったのはどのような勢力だったのだろうか。

1 オスマン帝国の解体とトルコの再生

《第一次世界大戦後のオスマン帝国》

・祖国解放運動を❶＿＿＿＿＿＿＿＿＿＿＿＿＿＿＿が指導

　→スルタン制を廃止⇒オスマン帝国滅亡（1922）

　→連合国と❷＿＿＿＿＿＿＿＿＿＿＿＿を締結

　→トルコ共和国成立（1923），首都：❸＿＿＿＿＿

　→❶は大統領に就任→近代化政策を推進

　　…カリフ制の廃止・政教分離，女性の解放，文字改革など

2 新興国の勃興とアラブ民族主義

(1)　オスマン帝国が支配していた地域…イギリス・フランスの委任統治領に

　→❹＿＿＿＿＿＿＿人が多数

　⇒オスマン帝国の支配下にあったころから❹民族主義運動が展開

　　…大戦中にはイギリスに協力する勢力も→分裂したまま自治や独立を達成

　　⇒個々の国を単位とする民族主義が誕生，現在に至る

　・大戦中のイギリスの外交

　　…❹人や❺＿＿＿＿＿＿人に独立を約束←相互に矛盾

　　　→❻＿＿＿＿＿＿やイラクでの紛争の出発点

(2)　イラン

　・❼＿＿＿＿＿＿＿＿＿＿＿＿がクーデタで実権をにぎる

　　→❽＿＿＿＿＿＿＿＿＿＿＿＿の創始⇒国名がイランに（1935）

3 南アジア・東南アジアの動向

(1)　インド…大戦中の貢献にもかかわらず，自治はあたえられず

　→イギリスは❾＿＿＿＿＿＿＿＿＿＿（1919）により弾圧を強める

　⇔民族資本家などが支持する❿＿＿＿＿＿＿＿＿の勢力が拡大

　→イギリスは懐柔を試みるも成功せず⇒各州に内政の自治権付与

(2)　東南アジア…戦争協力の見返りとして宗主国が譲歩，知識人を中心に民族運動が高揚

　・インドネシア…⓫＿＿＿＿＿＿＿＿＿＿（1911発足）の民族運動

　　→アジア初の共産党結成（1920）

　　→⓬＿＿＿＿＿＿＿＿が国民党を結成（1927），独立運動を指導

　・ベトナム…⓭＿＿＿＿＿＿＿＿＿＿＿＿が共産党結成（1930）

　　→同時期に工場労働者と農民が一体となった大規模な武力闘争発生

　・タイ…立憲革命（1932）→専制君主政から立憲君主政へ移行

問❶ アジアの民族運動を指導したのはどのような人たちだろうか。インドや東南アジアの事例をあげて説明しよう。

```
┌──────────────────────────────────────────────────────────────────────┐
│                                                                        │
│                                                                        │
│                                                                        │
│                                                                        │
└──────────────────────────────────────────────────────────────────────┘
```

問❷ 史料4「グエン＝アイ＝クオック(阮愛国)『安南人民の要求』」(教 p.207)によれば，グエン＝アイ＝クオックはどのような思想にもとづき，要求をおこなったのだろうか。

(1) 史料を読み，空欄に入る語を答えよう。

4 グエン＝アイ＝クオック(阮愛国)「安南人民の要求」 (1919年，(a)会議)

自分たちの運命を決定するすべての人々の神聖な権利に対する効果的な認識を通して(b)の原則が理想から現実に変わるのを待つ間，かつての安南帝国，現在では(c)領インドシナの住民たちは，高貴なる参加国の各政府と名誉ある(c)政府に対して以下のような小さな要求をいたします。
1．政治犯に問われたすべての者に恩赦をおこなうこと。
2．インドシナにおける法理の改革を，現地の者にも欧州人のごとく法律の面においても保障されている権利を享受させるという形でおこなうこと。安南人民のなかでもっとも責任ある者に脅威・弾圧をあたえる道具である特別裁判所を廃止すること。
3．新聞・雑誌の自由と言論の自由。　4．会合の自由。　5．海外居住と渡航の自由。
6．本国の人民に対して，学習し，すべての省 (province)において技術的かつ専門的な学校をつくる自由。
7．勅令による制度にかえて，法律による制度にすること。
8．(d)議会において，議会が現地の者のさまざまな希望を知るべく現地の者によって選ばれた(c)を常駐させること。

　a (　　　　　　　) b (　　　　　　　) c (　　　　　　　) d (　　　　　　　)

(2) (1)もふまえ，**問❷**への解答をまとめよう。

```
┌──────────────────────────────────────────────────────────────────────┐
│                                                                        │
│                                                                        │
│                                                                        │
└──────────────────────────────────────────────────────────────────────┘
```

問❸ アジアの民族運動に対する欧米の態度はどのようなものだっただろうか。インドの事例をあげて説明しよう。

```
┌──────────────────────────────────────────────────────────────────────┐
│                                                                        │
│                                                                        │
└──────────────────────────────────────────────────────────────────────┘
```

第6節 考察を深める問い　植民地政府は，アジア・アフリカ諸地域のナショナリズムの高揚にどのように対応しただろうか。

```
┌──────────────────────────────────────────────────────────────────────┐
│                                                                        │
│                                                                        │
│                                                                        │
└──────────────────────────────────────────────────────────────────────┘
```

61 世界恐慌と国際経済体制の変容

❓ 節の問い
世界恐慌は，国家と社会の関係をどのように変えたのだろうか。また，国際経済秩序をどのように変容させただろうか。

1 農業不況と世界恐慌の波及

(1) 農業不況

《背景》…第一次世界大戦中から戦後にかけての食料需要の増加

・アメリカでの機械化による食料の大量生産や植民地での輸出用食料の増産促進⇒世界的な農産物の過剰生産→農業所得停滞→耐久消費財などの購買力減少

・大戦後の経済復興，アジア諸国の工業化⇒工業製品の過剰供給

(2) 世界恐慌

・1929年10月，ニューヨークの❶＿＿＿＿＿＿＿の株式取引所で株価大暴落→銀行や企業が多数倒産→❷＿＿＿＿＿が激増

⇒資本主義国やその従属地域に恐慌が波及（世界恐慌）

2 ソ連の計画経済とニューディール政策

《ソ連》…❸＿＿＿＿＿が❹＿＿＿＿＿計画に着手(1928)…農業国から工業国への転換をめざす

　→恐慌の影響はほとんど受けず，工業生産のばす

《アメリカ》…❺＿＿＿＿＿大統領がニューディール政策を推進

　…農業・工業部門の❻＿＿＿＿＿，❼＿＿＿＿＿による失業対策→政府主導の恐慌対策はほかの資本主義諸国も導入

・世界恐慌を機に国家が国民の経済や生活に介入→❽＿＿＿＿＿の形成

3 国際経済の変容とファシズムの動向

(1) ファシズム勢力の台頭

・アメリカによる資本引きあげや高関税政策

　→❾＿＿＿＿＿やフランスなどの経済の❿＿＿＿＿うながす→世界経済の縮小

　→国際協調による恐慌克服は挫折⇒一国主義的な風潮の高まり

・「もたざる国」（⓫＿＿＿＿＿や⓬＿＿＿＿＿）でファシズム勢力が台頭

　→自国の勢力圏を武力によって獲得しようとする動きが加速

(2) アジア間貿易の変容

・⓭＿＿＿＿＿は対アジア貿易を植民地や従属地域との貿易に集中

　→円切り下げによって競争力を増した⓭製品を自国の経済圏以外にも輸出

　→貿易摩擦解決のため経済外交を活発化

ここがポイント
ソ連が世界恐慌の影響をほとんど受けなかったのはなぜだろうか。

ここがポイント
アメリカの恐慌対策はどのようなものだっただろうか。

ここがポイント
ファシズム勢力が台頭した理由は何だろうか。

問❶ 世界的な農産物の生産過剰はどのようにして生じたのだろうか。

問❷ 世界恐慌をきっかけに，資本主義諸国の経済政策はどのように変化しただろうか。

(1) 右の図「各国の失業者数の推移」(教 p.209図 8)を見て，A～D
に当てはまる国名を下の語群から選ぼう。

【語群】 イギリス，ドイツ，アメリカ，日本

A (　　　　　　　　　) 　　B (　　　　　　　　　)

C (　　　　　　　　　) 　　D (　　　　　　　　　)

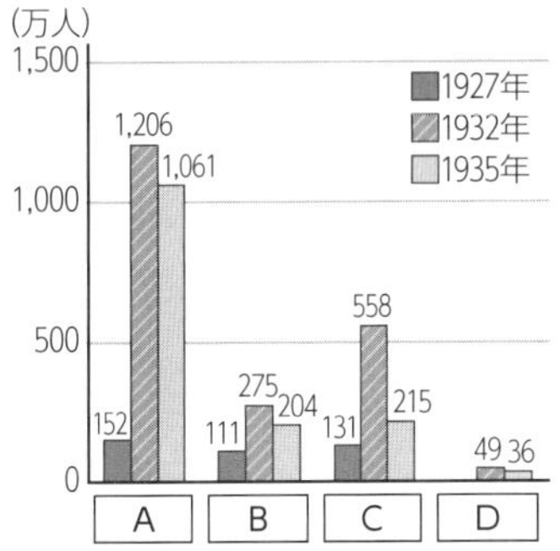

(2) 各国の経済政策の変化について，(1)であげたA～B・Dの国々
を例に説明しよう。

A	
B	
D	

問❸ 世界恐慌によって，国際経済秩序は，どのように変化しただろうか。

第1節 考察を深める問い　あなたは，このような各国の対応策がその後の国内政策や国際関係にど
のような影響をあたえたと考えるだろうか。

127

62 ファシズム勢力の対外政策

❓ 節の問い

なぜ，ヴェルサイユ＝ワシントン体制は動揺するに至ったのだろうか。

学習課題

世界恐慌に対する各国の対応は，国際秩序をどのように変化させただろうか。

ここがポイント

各国で❶やファシズム勢力が台頭してきた背景には何があったのだろうか。

ここがポイント

「❹」建国の経緯を確認しよう。

1 日本・ファシズム勢力の対外政策

(1) 日本…第一次世界大戦後，経済不況がつづく

・❶＿＿＿＿＿＿＿や右翼勢力が政党政治を批判して発言力強化

→満洲や内モンゴルを武力占領しようとする動き⇒協調外交の転換

→関東軍による❷＿＿＿＿＿＿＿＿＿＿（1931）→❸＿＿＿＿＿＿＿＿＿＿へ

⇒「❹＿＿＿＿＿＿＿」建国（1932）（執政…❺＿＿＿＿＿＿）

(2) ドイツ

・❻＿＿＿＿＿＿率いる❼＿＿＿＿＿＿＿＿が政権を獲得

→公共事業や軍需産業で失業者を減らす

→軍備平等権を主張⇒国際連盟脱退（1933）

→徴兵制復活，❽＿＿＿＿＿＿宣言（1935）

(3) イタリア

・❾＿＿＿＿＿＿＿＿＿＿政権

→❿＿＿＿＿＿＿＿併合（1924），アルバニアを保護国化（1926）

→⓫＿＿＿＿＿＿＿に侵略開始（1935）

(4) ファシズム勢力や❶への大衆の期待

・イタリア・ドイツ・日本…「上からの近代化」による国民統合

→経済不況を背景にヴェルサイユ＝ワシントン体制の打破を唱える

→自国の勢力圏を武力で獲得しようとする動きが現実化

2 国際連盟の対応と英仏の宥和政策

(1) 日本による❸への対応

・❸に対し，国際連盟は⓬＿＿＿＿＿＿＿＿＿＿＿を派遣

→満洲は中国の主権下にあるとする一方，日本の経済上の特殊権益を承認

→報告書にもとづいた勧告案を認めない日本は国際連盟を脱退（1933）

(2) ドイツ・イタリアへの対応

・ドイツの❽をイギリスは容認（英独海軍協定，1935）

→ドイツが非武装地帯の⓭＿＿＿＿＿＿＿＿＿に進駐（1936）

⇔国際連盟は非難するも具体的な制裁行動はとらず

・イタリアの⓫侵略→国際連盟は経済制裁を決議するものの効果少

→イタリアは⓫を併合（1936）→ドイツにつづき，英仏も承認

(3) 英仏による宥和政策の背景

・⓮＿＿＿＿＿＿への対抗策としてファシズム勢力を利用しようとする意図

・自国の植民地や経済圏を維持しようとする帝国主義国としての思惑

ここがポイント

❼の政権獲得から⓭進駐までのドイツの対外政策を確認しよう。

問❶ 日本やドイツ，イタリアの対外政策の背景にあるものは何だろうか。日本とドイツ・イタリアに分けて整理してみよう。

日本	
ドイツ・イタリア	

問❷ 日本やドイツ，イタリアの対外政策に対して，国際社会はどのように対応しただろうか。史料4「リットン報告書」(教 p.210)の内容をもとに考えてみよう。

(1) 史料を読み，波線部が意味するものを答えよう。

4 リットン報告書(1932年)

　……鉄道に対する損傷はたとえあったとしても長春からの南行き列車の定刻到着を妨げるものではなく……その夜の日本軍の作戦は正当な自衛手段とは見なされえないものである。……

　……現在の政権が，真の自発的な独立運動によって生み出されたものとは，考えられない。……

　……満洲における日本の権利および利益は無視できない事実であるため，そのことや満洲と日本との歴史的つながりを考慮しない解決策は，いかなるものであれ満足できるものとはならない。

(『世界史史料10』岩波書店)

(　　　　　　　　　　　　)

(2) 日本の行動に対し，国際社会はどのように対応しただろうか。史料の内容をふまえて説明しよう。

(3) ドイツ・イタリアの対外政策に対して，国際社会はどのように対応しただろうか。

問❸ 国際社会が，イタリアやドイツ，日本の動きを阻止することができなかったのはなぜだろうか。

63 日中戦争から第二次世界大戦へ

学習課題
国際社会は，なぜ第二次世界大戦の勃発を防ぐことができなかったのだろうか。

ここがポイント
❷らが西安事件をおこしたのはなぜだろうか。

ここがポイント
イギリスとフランスはなぜ❽に対して不干渉政策をとったのだろうか。

ここがポイント
第二次世界大戦勃発までに，ドイツはどのようにして領土を拡大していったのだろうか。

1 抗日民族統一戦線の結成と日中戦争

(1)　抗日民族統一戦線の結成

《背景》…満洲事変後も関東軍は華北への侵略を継続

・中国国内では国民政府と共産党との内戦がつづく

→共産党が❶＿＿＿＿＿＿＿＿＿＿＿＿を発表

→抗日救国・国共内戦停止の声拡大

→❷＿＿＿＿＿＿＿＿らによる西安事件(1936)⇒抗日民族統一戦線(1937)

・国民政府は通貨を統一→中国の経済的な統一すすむ

(2)　日中戦争の勃発

・1937年7月の❸＿＿＿＿＿＿＿＿＿＿を機に日中戦争開始

→日本軍は❹＿＿＿＿＿を占領

→国民政府は❹から武漢，❺＿＿＿＿＿へと移動し抗戦

→華北の農村地帯では共産党がゲリラ戦を展開→戦争の長期化

2 人民戦線の結成と日独伊の接近

・ファシズム拡大の動き

→❻＿＿＿＿＿＿＿＿＿＿＿は人民戦線の結成をよびかける

・1936年，スペインで人民戦線内閣成立→❼＿＿＿＿＿＿＿が反乱

⇒❽＿＿＿＿＿＿＿＿＿開始

→英仏は不干渉，政府軍には各国の義勇兵が参加・ソ連は武器を援助

→ドイツとイタリアは反乱軍を支援

⇒❽はファシズム対反ファシズムの国際紛争へ⇒❼側が勝利して決着

・ドイツとイタリアの接近→❾＿＿＿＿＿＿＿＿＿＿＿の結成

→❻への警戒からドイツと日本が❿＿＿＿＿＿＿締結(1936)

⇒⓫＿＿＿＿＿＿＿＿＿に発展(1937)

→イタリアは⓬＿＿＿＿＿＿脱退

3 宥和政策の失敗と大戦の勃発

《ドイツの動き》…⓭＿＿＿＿＿＿＿＿＿＿併合(1938)

→チェコスロヴァキアの⓮＿＿＿＿＿＿＿＿＿地方の割譲要求

→⓯＿＿＿＿＿＿＿＿(1938)…イギリスが承認

→ドイツがチェコスロヴァキア解体→ポーランドに⓰＿＿＿＿＿＿

とポーランド回廊の割譲を要求→英仏の政策転換(宥和政策の限界)

・⓱＿＿＿＿＿＿＿＿の締結(1939年8月)

→9月…⓲＿＿＿＿＿＿＿＿＿⇒第二次世界大戦の開始

問いのステップにチャレンジ

問❶ 日本やファシズム勢力の動きに対して，中国やコミンテルンはどのように対応しようとしただろうか。史料5「コミンテルン第7回大会の決議」(教 p.213)をもとに考えてみよう。

(1) 日本の動きに対し，中国はどのように対応しただろうか。

（空欄）

(2) 史料を読み，空欄に当てはまる語を答えよう。

5 コミンテルン第7回大会の決議(1935年8月)

……労働者階級とそのあらゆる獲得物にとって，すべての勤労者とその基本的権利にとって，諸国民の平和と自由にとっての最大の脅威である（　a　）の脅威に直面して，共産主義インターナショナル第7回大会は声明する。労働者階級の（　b　）を実現することは，現在の歴史的段階における国際労働運動の当面の主要任務である，と。……

(村田陽一編訳『コミンテルン資料集6』大月書店)

a (　　　　　　　　　　　　　)　　b (　　　　　　　　　　　　　)

(3) (2)で確認した語も使用しながら，コミンテルンがとった対応について説明しよう。

（空欄）

問❷ スペイン内戦は国際関係にどのような影響をあたえただろうか。

(1) スペイン内戦の経過をまとめよう。

（空欄）

(2) (1)もふまえ，**問❷**への解答をまとめよう。

（空欄）

問❸ 国際社会が第二次世界大戦の勃発を防ぐことができなかったのはなぜだろうか。

（空欄）

第2節 考察を深める問い　国際協調体制を維持していくために，あなたはどのような政策が有効であったと考えるだろうか。

（空欄）

64 大戦の特徴

❓ 節の問い
連合国が第二次世界大戦中におこなった会議や会談ではどのような戦後世界のあり方が構想されていただろうか。

学習課題
第二次世界大戦は，これまでの戦争とどのような点が異なっていただろうか。

ここがポイント
第二次世界大戦にはどのような性格があったのだろうか。

ここがポイント
大量殺りくがおこなわれた背景には何があるだろうか。

1 太平洋戦争の開始と連合国の結成

(1) ドイツの動き

・デンマーク・ノルウェー，オランダ・ベルギーを占領(1940)

→❶＿＿＿＿＿＿占領→フランス降伏(1940.6)

・ソ連に侵攻→❷＿＿＿＿＿＿＿開始

(2) 日本の動き

・❸＿＿＿＿＿＿＿＿＿＿＿＿＿＿＿＿＿＿＿＿へ進駐⇒日米対立深化

・❹＿＿＿＿＿＿＿＿＿＿＿締結

・マレー半島上陸，ハワイ❺＿＿＿＿＿＿攻撃(1941.12)

→太平洋戦争(❻＿＿＿＿＿＿＿＿＿＿＿＿)開始

⇒第二次世界大戦が世界に拡大

…❼＿＿＿＿＿＿＿＿勢力と反❼の連合国との戦いに

2 総力戦と大戦の性格

・❽＿＿＿＿＿＿＿＿諸国間戦争…植民地の再分割をめざすドイツ・イタリア・日本などの勢力 VS 従来の勢力圏維持をめざす列強

・総力戦…アジア・アフリカの植民地や従属地域から大量の労働力や物資動員

→戦争協力と引きかえに独立や自治を求めるインドや東南アジアの植民地の動きと植民地支配に固執する英仏などの❽諸国の矛盾

⇒大戦の性格を複合的で複雑なものに

・日本の主張…列強からの解放，❾＿＿＿＿＿＿＿＿＿＿＿の建設

→占領地における軍政…軍事物資や労働力等の強制徴発

→各地で❿＿＿＿＿＿＿展開

3 戦時下の大量殺りく

(1) 民間人をふくむ膨大な犠牲

《背景》…新兵器の改良・大量生産

・都市への⓫＿＿＿＿＿＿＿＿が恒常化

・⓬＿＿＿＿＿＿＿＿の⓭＿＿＿＿＿・長崎への投下

→被爆者やその家族に甚大な被害をもたらす

…戦後の⓮＿＿＿＿＿を象徴する兵器へ

(2) 住民の強制徴発

・《ドイツ》…占領地域のフランスや東欧の住民を強制労働に徴発

→⓯＿＿＿＿＿＿＿＿などを強制収容所へ送り組織的に殺害

・《日本》…朝鮮や台湾の人々を炭鉱や軍需工場へ強制徴用

問❶ 第二次世界大戦はどのような性格をもっていただろうか。史料3「チャンドラ＝ボースの演説」(教 p.214)を参考に考えてみよう。

(1) 第二次世界大戦を戦ったおもな国を2つのグループに分け，それぞれの性格を考えてみよう。

(2) 史料を読み，波線部が意味する内容について簡潔に答えよう。

3 チャンドラ＝ボースの演説(1943年8月26日)

　われわれの任務は容易なものではない。闘いは長く，厳しいものとなろう。しかし私は，われわれの大義が正しく，決して破られ得ないことを完全に確信している。……われわれから自由という生得の権利を奪うことができる権力など，もはやこの地上にありはしない。
　「デリーへ前進せよ」をスローガンに，我が民族旗がニューデリーの総督官邸に翻り，自由インド軍がインドの古都の「赤い城塞」で勝利の行軍を行う日まで，戦いつづけよう。　　　　　　　　　　　　　　　(『世界史史料10』岩波書店)

(　　　　　　　　　　　　　　　　　　　　)

(3) チャンドラ＝ボースがめざしたことをふまえ，植民地と第二次世界大戦の関係について考えてみよう。

問❷ 日本やドイツは，占領下の各地でどのような政策をおこなったのだろうか。

日本	
ドイツ	

問❸ 第二次世界大戦で，大量の犠牲者が出た要因は何だろうか。

65 終戦から戦後世界の構築

学習課題

連合国は，どのような国際秩序を築こうとしたのだろうか。

ここがポイント

❾はどのような内容だったのだろうか。

ここがポイント

国際連合にはどのような組織があるだろうか。

ここがポイント

国際経済体制はどのようにして成立したのだろうか。

ここがポイント

戦争が違法化されるとはどのようなことだろうか。

1 戦争の終結

《連合国の反撃》

・❶＿＿＿＿＿＿＿陥落(1945年5月)→ヨーロッパでの戦争終結

・日本…都市部への❷＿＿＿＿＿＿＿が本格化

　→はげしい地上戦の末，❸＿＿＿＿＿占領(6月)

　→連合国による❹＿＿＿＿＿＿＿＿→日本は応じず

　→❺＿＿＿＿(8月6日)，❻＿＿＿＿(8月9日)に原子爆弾投下

　→日本は❹の受諾を決定(8月14日)→第二次世界大戦の終結

2 戦後国際秩序の模索と国際連合の成立

(1) 国際秩序の形成…アメリカが掲げる自由主義的民主主義の拡大めざす

　・❼＿＿＿＿＿＿＿＿米大統領と❽＿＿＿＿

　英首相による❾＿＿＿＿＿＿＿の宣言(1941)

　　→連合国全体の戦争目的および戦後処理の基本原則に

　　…領土不拡大，❿＿＿＿＿＿，通商の自由，軍縮，恐怖と欠乏か

　　らの解放，国際機構の再建など

(2) 国際連合

　・⓫＿＿＿＿＿＿＿＿会議で⓬＿＿＿＿

　が採択(1945年6月)

　⇒国際連合発足(10月)⇒原加盟国：51，本部：⓭＿＿＿＿

　・国際連盟への反省→武力制裁可能，⓮＿＿＿＿＿＿＿の

　設置，米ソ英仏中の5常任理事国には⓯＿＿＿＿＿付与

　・地域的集団防衛機構の設置→冷戦期の安全保障秩序をアメリカが主導

3 国際経済体制の成立

《国際経済体制…⓰＿＿＿＿＿＿＿体制》

・中核組織…⓱＿＿＿＿＿(IMF)，⓲＿＿＿

　＿＿＿＿＿(IBRD，世界銀行)，⓳＿＿＿(GATT，関

　税と貿易に関する一般協定)

・基軸通貨…米ドル→パクス＝アメリカーナを支える基盤に

4 戦争の違法化と脱植民地化の動き

・基本的人権の尊重…大量殺りくの経験から国際連合の基本理念に

　→⓴＿＿＿＿＿＿の採択(1948)

・新たな罪の概念…「平和に対する罪」「人道に対する罪」→戦争の違法化

・❿の原則→アジア・アフリカ地域の脱植民地化の動き加速

問❶ 国際連盟と国際連合のしくみや理念の相違点はどこだろうか。また，そのように変更された意図は何だろうか。史料5「国際連合憲章前文」(教 p.217)をもとに考えてみよう。

(1) 史料を読み，空欄に当てはまる語を答えよう。

5 国際連合憲章前文

われら連合国の人民は，われらの一生のうち二度まで言語に絶する悲哀を人類に与えた(a)の惨害から将来の世代を救い，(b)と人間の尊厳及び価値と男女及び大小各国の同権とに関する信念を改めて確認し，正義と条約その他の国際法の源泉から生ずる義務の尊重とを維持することができる条件を確立し，一層大きな自由の中で社会的進歩と生活水準の向上とを促進すること，並びに，このため，寛容を実行し，……平和に生活し，国際の平和および安全を維持するためにわれらの力を合わせ，共同の利益の場合を除く外は(c)を用いないことを……確保し，すべての人民の経済的及び社会的発達を促進するために国際機構を用いることを決意して，これらの目的を達成するために，われらの努力を結集することに決定した。

a (　　　　　　　　　　) b (　　　　　　　　　　　　) c (　　　　　　　　　　　　　)

(2) (1)で確認した内容もふまえ，**問❶**への解答をまとめよう。

問❷ ブレトン＝ウッズ体制にはどのような特徴があるだろうか。また，それはなぜだろうか。

問❸ 大戦中の侵略や大量殺りくへの反省は，どのような形でいかされただろうか。

第3節 考察を深める問い あなたは，これらの戦後構想が現実の戦後国際秩序においてどのように実現していったのか，またなぜそうなったと考えるだろうか。

66 戦後世界の分断

❓ 節の問い
冷戦はなぜはじまり，世界に拡大していったのだろうか。また，戦後，アジア諸国はどのように独立を達成していったのだろうか。

学習課題
自由主義と社会主義の対立は，なぜ世界に拡大していったのだろうか。

ここがポイント
❶とトルコが資本主義陣営に組みこまれた背景にはどのような事情があったのだろうか。

ここがポイント
ドイツが分断国家となった過程を確認してみよう。

ここがポイント
戦後の中国ではどのようなことがおこっただろうか。

① 米ソ冷戦の背景

《冷戦の背景》

・ソ連…東欧に親ソ政権を樹立→社会主義圏の拡大と緩衝地帯の設置を意図

　→アメリカは❶＿＿＿＿＿＿＿＿　・トルコへ援助

　→❷＿＿＿＿＿＿＿＿＿＿大統領…議会演説で共産主義の脅威を訴え，自

　　由主義諸国を支援することを宣言（❸＿＿＿＿＿＿＿＿＿＿）

　→対外関与への議会や国民の支持を取りつけるため共産主義の脅威を強調

② 分断されるヨーロッパ

(1)　戦後のヨーロッパ

　・戦争で荒廃，経済活動停滞→人々の不満

　　→フランスやイタリアで共産党が躍進

　　→アメリカ…西欧の共産化を懸念し，ヨーロッパ復興のため❹＿＿＿＿＿＿

　　　　　　　　　　　　　　　発表

　　→東欧諸国の参加をソ連が禁止⇒ヨーロッパの分断がすすむ

(2)　敗戦国ドイツ

　・米・英・仏・ソによる分割占領

　　→首都❺＿＿＿＿＿＿＿も4カ国の共同管理下

　　→西側占領地区で❻＿＿＿＿＿＿＿→ソ連による❺封鎖

　　→西側は物資を空輸して対抗→ソ連は輸送機撃墜はせず

　　⇒強い緊張のもと，戦争には至らないという❼＿＿＿＿＿の原型に

　・❽＿＿＿＿＿＿＿＿＿＿（西ドイツ）と❾＿＿＿＿＿＿＿

　　＿＿＿＿＿＿＿＿（東ドイツ）成立(1949)⇒ドイツは分断国家に

③ 中華人民共和国の建国と東アジア

(1)　中華人民共和国の建国

　・《戦後》…国民党と❿＿＿＿＿＿＿＿＿の対立が再燃→全面的な内戦

　　→当初⓫＿＿＿＿＿＿が率いる国民党政権が優勢→経済混乱や政治的腐

　　　敗で支持を失う→⓬＿＿＿＿＿＿が率いる❿が内戦に勝利

　　⇒中華人民共和国の建国(1949)

　・政策…ソ連と⓭＿＿＿＿＿＿＿＿＿＿締結(1950)

　　　　　　　計画経済による工業化と農業の集団化

(2)　台湾

　・国民党政権の強圧的な政治→住民による⓮＿＿＿＿＿＿事件(1947)

　　→国民党の弾圧→⓫が⓯＿＿＿＿＿＿＿＿政府を維持

問いのステップにチャレンジ

問❶ 史料4「トルーマン＝ドクトリン」（教 p.221）では，具体的にどのようなことが強調されているだろうか。

(1) 史料を読み，下線部①・②の意味するものをそれぞれ簡潔に答えよう。

---

4 トルーマン＝ドクトリン(1947 年)

……世界史の現時点において，ほとんど全ての国は二つの生活様式の中から一つを選ばなければならない。……

　①第一の生活様式は，多数者の意思に基づき，自由な諸制度，代議政体，自由な選挙，個人的自由の保障，言論と宗教の自由，そして政治的抑圧からの自由によって特徴づけられている。

　②第二の生活様式は，多数者を力で強制する少数者の意思に基づいている。それはテロと抑圧，統制された出版と放送，形ばかりの選挙，そして個人の自由を押さえつけることなどによって成り立っている。

　私は，武装した少数者や外部からの圧力によって企てられた支配に抵抗している自由な諸国民を援助することこそ，アメリカ合衆国の政策でなければならないと信ずる。……

（『世界史史料11』岩波書店）

---

　　　　　①(　　　　　　　　　　　)　　②(　　　　　　　　　　　　)

(2) (1)で確認したことをふまえ，**問❶**への解答をまとめよう。

問❷ 第二次世界大戦後のヨーロッパは，どのような状態になっただろうか。

(1) 右の地図中の空欄に当てはまる語を答えよう。

　A(　　　　　　　　　)

　B(　　　　　　　　　)

　C(　　　　　　　　　)

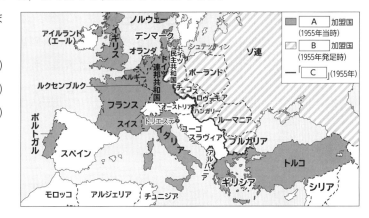

(2) (1)で確認したことをふまえ，**問❷**への解答をまとめよう。

問❸ 第二次世界大戦終結後，中国ではどのような国家が建設されただろうか。

---

67 冷戦の波及と脱植民地化

学習課題

冷戦の影響は，なぜアジア諸国に波及したのだろうか。

ここがポイント

朝鮮戦争は，どのように展開しただろうか。

1 朝鮮戦争の勃発とアジアの冷戦

(1) 日本敗戦後の朝鮮半島

・❶＿＿＿＿＿＿＿＿＿を境に北にソ連軍，南にアメリカ軍が進駐

→北部に❷＿＿＿＿＿＿＿＿＿＿＿＿＿＿（北朝鮮），南部に❸＿＿＿＿＿＿＿＿＿（韓国）が成立（1948）

→❷の❹＿＿＿＿＿＿＿は武力による統一をめざし❸に侵攻

⇒朝鮮戦争開始（1950）

(2) 国際連合の動き

・国連❺＿＿＿＿＿＿＿＿＿＿＿→ソ連欠席のなか❸への支援決定

→アメリカ中心の国連軍が中朝国境にせまる

→❻＿＿＿＿＿が軍隊を派遣し❷を支援→戦線の膠着

⇒休戦協定締結・朝鮮半島の分断が固定化（1953）

→アメリカは台湾防衛を明確に…アジアでの❼＿＿＿＿＿対立が鮮明化

(3) 朝鮮戦争の衝撃→ヨーロッパにおける共産主義陣営の武力による勢力拡大をおそれたフランスが西ドイツの再軍備に同意

ここがポイント

朝鮮戦争は日本にどのような影響をあたえただろうか。

2 戦後日本の出発

(1) 連合国占領下の日本…当初は非軍事化政策

→アジアに❼が波及→占領政策転換，日本の復興と安定を重視

・朝鮮戦争に際する米軍による物資需要増→日本で❽＿＿＿＿＿が生まれる

・警察予備隊（のちに❾＿＿＿＿＿＿＿）の組織…日本の再軍備の開始

(2) 主権の回復

・❿＿＿＿＿＿＿＿＿＿＿＿＿＿＿＿＿＿＿（1951調印，1952発効）

→主権を回復→❿の調印と同日⓫＿＿＿＿＿＿＿＿＿＿＿締結

⇒在日米軍の駐留継続，沖縄は米軍の拠点としてアメリカの統治下に

ここがポイント

インドネシアとベトナムへのアメリカの対応は，なぜ異なっていたのだろうか。

3 東南アジアの冷戦と脱植民地化

(1) 東南アジアの戦後

・⓬＿＿＿＿＿＿＿＿がインドネシア共和国，ホー＝チ＝ミンが⓭＿＿＿＿＿＿＿＿＿＿＿の独立を宣言⇒独立戦争へ

(2) 脱植民地化とアメリカ

・インドネシア…⓮＿＿＿＿＿との独立戦争が泥沼化

→アメリカの仲介で協議により独立確定

・ベトナム…フランスによる南ベトナムの建国→フランスは⓯＿＿＿＿＿＿＿＿＿＿＿（1954）で撤退⇒アメリカが介入深める

問❶ 朝鮮戦争はどのように展開しただろうか。

(1) 右の地図中の空欄に当てはまるものを次の**ア**～**ウ**からそれぞれ

選ぼう。

ア：国連軍の動き

イ：北朝鮮軍の動き

ウ：中国軍の動き

A (　　　)

B (　　　)

C (　　　)

(2) (1)で確認したこともふまえて**問❶**への解答をまとめよう。

問❷ 日本の主権回復は，冷戦の文脈のなかでどのように位置づけられるだろうか。

問❸ 史料6「インドネシア憲法前文」(教 p.223)には，インドネシアの人々のどのような思いがこめられ

ているだろうか。

(1) 史料を読み，空欄に当てはまる語を答えよう。

(　　　　　　　　　　　)

(2) (1)で確認したこともふまえ，**問❸**への解答をまとめよう。

6 インドネシア憲法前文(1945年)

　独立はすべての民族の権利である。したがって，人道主義と正義にもとる(　　　)は，必ず一掃されなければならない。……

　全智全能の神の恩恵の下，自由な民族的生存を享受せんとする崇高な熱望やみがたく，インドネシア国民はここに独立を宣言する。……

(『世界史史料11』岩波書店)

第4節 **考察を深める問い** あなたは，冷戦の展開がアジア諸国の脱植民地化にあたえた影響として

もっとも大きかったことは何だと考えるだろうか。

68 編末問題 ❸

1 **大西洋を囲む地域について述べた次の文章を読み，下の問いに答えよ。**

　大西洋を囲む地域では，①イギリスの産業革命につづいてアメリカ独立革命や②フランス革命，③ラテンアメリカの独立が相次いでおこった。これら一連の社会システムの変革は（　A　）とよばれる。

　北米のイギリス植民地では，財政難により本国による課税が強化された。これに植民地が反発して戦争となり，（　B　）らが独立宣言を起草し，1783年の（　C　）条約で独立が承認された。

　ヨーロッパではナポレオン失脚後，オーストリア外相（　D　）の主導でウィーン会議が開かれた。この会議は，ヨーロッパをフランス革命以前の状態にもどすという，（　E　）の原則でおこなわれた。こうして成立した19世紀前半の国際秩序を④ウィーン体制という。ウィーン体制崩壊後のヨーロッパでは，⑤旧来の支配体制側が民衆を統制して強い国家を建設しようとする動きが強まった。

問1　文章中の空欄（　A　）〜（　E　）に入る語を答えよ。 知・技

A		B		C	
D		E			

問2　下線部①に関連して，蒸気機関車を実用化した人物を答えよ。 知・技 （　　　　　　　　　　　　　）

問3　下線部②の経過として正しいものを，次のa〜dより一つ選び，記号で答えよ。 ☐

　a　バスティーユ牢獄の襲撃→ジャコバン派の恐怖政治→国王の処刑　　思・判・表

　b　バスティーユ牢獄の襲撃→国王の処刑→ジャコバン派の恐怖政治

　c　ジャコバン派の恐怖政治→国王の処刑→バスティーユ牢獄の襲撃

　d　ジャコバン派の恐怖政治→バスティーユ牢獄の襲撃→国王の処刑

問4　下線部③に関連して，アルゼンチンを独立に導いた人物を答えよ。 知・技 （　　　　　　　　　　　　　）

問5　下線部④の体制が崩壊した理由について，50字以内で説明せよ。 思・判・表

問6　下線部⑤に関連する次の文a〜dのうち，誤っているものを一つ選び，記号で答えよ。 ☐

　a　クリミア戦争に敗れたロシアでは，皇帝が農奴解放令をだした。　　知・技

　b　プロイセン＝フランス戦争に勝利したプロイセンはドイツ帝国を成立させた。

　c　民族の歴史や伝統を重視するロマン主義が芸術や学問の分野で発展した。

　d　フランスではユダヤ人のヘルツルがスパイ容疑で逮捕される冤罪事件がおこった。

2 **次の①〜②の文の下線部が正しければ○，誤っていれば適語を記入せよ。** 知・技

①1848年の二月革命の直前，マルクスとエンゲルスは『資本論』を出版した。

②アメリカ国内では貿易政策などをめぐって対立がおこり，北部を地盤に民主党が形成された。

①		②	

③ 1850年代から1910年代までの朝鮮・清と日本についての次の年表を見て，下の問いに答えよ。

問1　年表中の（　A　）～（　E　）に入る語を答えよ。知・技

A		B	
C		D	
E			

朝鮮・清	日本
① 1851　太平天国の乱（～64）	
1856　アロー戦争	
	1
	1873　征韓論争
	1874　台湾出兵
1875　江華島事件	
1876　（　A　）条規…日本の領事裁判権承認	
	1879　（　D　）領有
	…沖縄県設置
	2
② 1884　甲申政変	
	1889　（　E　）発布
1894　（　B　）戦争 → 日清戦争	
1895　下関条約	
③ 1898　清で変法運動おこる	
	3
1904　日露戦争	
	4
1911　（　C　）	
→ ④ 中華民国が南京に成立	

問2　下線部①に関連して，反乱鎮圧の主力となった官僚によってはじめられた洋務運動について説明した次の文a～dのうち，誤っているものを一つ選び，記号で答えよ。知・技

a　曾国藩や李鴻章などの漢人官僚によって改革や諸事業がおこなわれた。

b　西洋の近代的な軍事力と技術を導入して国力を高めようとした。

c　清の伝統的な制度や儒教的な価値観は維持されたままであった。

d　西太后ら保守派による戊戌の政変をまねいた。

問3　下線部②について，このころ，清がベトナムの領有権をめぐって戦った国を答えよ。知・技

（　　　　　　　　　　　）

問4　次の（ア）・（イ）の事項は，年表中の 1 ～ 4 のどの時期に入れるのがもっとも適当か答えよ。思・判・表

（ア）　義和団戦争　　（イ）　韓国併合　　　　　| （ア） | | （イ） | |

問5　下線部③の運動をすすめた人物としてもっとも適当なものを，次のa～eより一つ選び，記号で答えよ。知・技

a　梁啓超　　b　洪秀全　　c　金玉均　　d　袁世凱　　e　安重根

問6　下線部④に関連して，清の旧支配地域でおこった動きと中華民国の対応について，「藩部」「五族共和」の語を用いて簡潔に説明せよ。思・判・表

④　次の①～③の文の下線部が正しければ○，誤っていれば適語を記入せよ。知・技

① カージャール朝ではミドハト憲法が発布されたが，ロシアとの戦争勃発を口実に憲法は停止された。

② イギリスはプラッシーの戦いを機に東インド会社を解散し，インド帝国を成立させた。

③ 1884～85年のベルリン会議の結果，列強のアフリカ分割は大陸の内陸部にまでおよんだ。

①		②		③	

5 第一次世界大戦前後のできごとについて述べた次の文章ア～オと史料を読み，下の問いに答えよ。

ア アメリカは，第一次世界大戦中に連合国側で参戦し，その勝利に大きく貢献した。戦後は債権国に転じ，ドイツが賠償金の支払いに苦しむと1924年に（　A　）案を策定した。

イ ロシアでは，大戦中に革命がおこり，レーニンの指導のもとで（　B　）による一党独裁が実現して，1922年には①ソヴィエト社会主義共和国連邦が成立した。

ウ ヴェルサイユ条約により，ドイツを取りまく環境は緊張状態がつづいたが，1925年に国際紛争の仲裁などの安全保障を約した（　C　）条約が結ばれた。

エ 中国では，（　D　）（共産主義インターナショナル）の支援のもと，②国民革命が発展した。

オ インドは，戦後の自治を約束されて大戦に協力したが，イギリスはその約束をはたさず，（　E　）法で弾圧を強めた。これに対して国民会議派の勢力が拡大した。

---

14 大国と小国とを問わず，政治的独立と領土的保全とを相互に保障することを目的とした明確な規約のもとに，国家の一般的な連合が樹立されねばならない。　　　　　　　　　　　　　　　　　　　　（『世界史史料10』岩波書店）

問1 文章中の空欄（　A　）～（　E　）に入る語を答えよ。 知・技

A		B		C	
D		E			

問2 史料を発表した人物を答えよ。また，史料の第14条を受けて設立された機関を答えよ。

思・判・表　　　　　　　人物　　　　　　　　　　　機関

問3 次の下線部①の成立までに発生した事項a～cを年代順に並び替えよ。 思・判・表

　a 十月革命　　b 四月テーゼ　　c ブレスト＝リトフスク条約　　　→　　　→

問4 下線部②について，国民革命は，どのような人々が，何を目的としてすすめたものか。「統一」「排除」の語を用いて50字以内で説明せよ。 思・判・表

---

6 第一次世界大戦後の西アジアを示した右の地図を見て，下の問いに答えよ。

問1 Aを委任統治領とした国を答えよ。
知・技　　　　　　（　　　　　　　　）

問2 Bを委任統治領とした国を答えよ。
知・技　　　　　　（　　　　　　　　）

問3 レザー＝ハーンがCに開いた王朝を答えよ。 知・技　　（　　　　　　　　）

問4 ムスタファ＝ケマルによって建国された国の首都を，地図中のア～ウより選び，記号で答えよ。 知・技

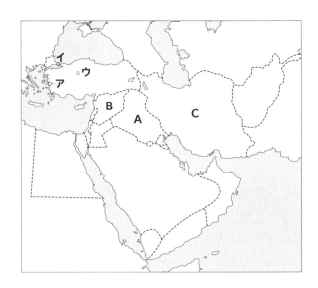

7 **世界恐慌について述べた次の文章を読み，下の問いに答えよ。**

　1929年にアメリカで発生した経済不況は世界各地に波及した。アメリカでは，フランクリン＝ローズ
ヴェルト大統領のもとで（　A　）政策が実施され，政府主導による恐慌対策がとられた。①イギリスや
フランスなど独自の経済圏をもつ国では経済の（　B　）がすすみ，②経済圏をもたない国では自国の勢
力圏を武力で獲得しようとする（　C　）勢力が台頭し，イタリアは，1935年に（　D　）侵略をおこない，
のちにこれを併合した。③日本では軍部が勢力を拡大した。一方，ソ連では（　E　）が第1次五カ年計
画をすすめ，恐慌の影響はほとんど受けなかった。世界恐慌は国際経済体制に大きな変容をもたらし，
（　C　）勢力の結集をうながして，④第二次世界大戦に突きすすむことになった。

問1　文章中の空欄（　A　）～（　E　）に入る語を答えよ。 知・技

A		B		C	
D		E			

問2　下線部①に関連して，イギリスは1938年のドイツのズデーテン地方の割譲要求に対してどのよう
　　に対応したか。40字以内で説明せよ。 思・判・表

問3　下線部②に関連して，次のa～dは，1930年代後半における「もたざる国」ドイツの動きを示した
　　ものである。これを年代順に並び替えよ。 思・判・表　　　　　　　　→　　　　→　　　　→

　　a　オーストリア併合　　b　独ソ不可侵条約　　c　日独伊三国防共協定　　d　ポーランド侵攻

問4　下線部③に関連して，次のa～dは，1930年代後半における日本と中国の動きを示したものであ
　　る。これを年代順に並び替えよ。 思・判・表　　　　　　　　　　　　→　　　　→　　　　→

　　a　国際連盟脱退　　b　「満洲国」建国　　c　盧溝橋事件　　d　西安事件

問5　下線部④について，この戦争中のできごととして誤っているものを，次のa～dよりすべて選び，
　　記号で答えよ。 思・判・表

　　a　日本は，列強からの解放と大東亜共栄圏の建設を唱えてアジア諸地域に進出した。

　　b　サンフランシスコ会議で国際連合憲章が採択された。

　　c　戦争を国際紛争の解決手段としないことを宣言する不戦条約が締結された。

　　d　軍部がフランコを中心に反乱をおこし，スペイン内戦がはじまった。

8 **次の①～⑤の文の下線部が正しければ○，誤っていれば適語を記入せよ。** 知・技

①国際連合は，本部をジュネーヴにおき，1945年10月に発足した。

②IMF・IBRD・GATTを中核とするブレトン＝ウッズ体制が形成された。

③トルーマン大統領はマーシャル＝プランを発表して，ギリシア・トルコへの援助をおこなった。

④オランダは，南ベトナムを建国したが軍事的に敗退し，ベトナムから撤退した。

⑤蔣介石率いる中国共産党は，1949年に内戦に勝利して中華人民共和国の建国を宣言した。

①		②		③	
④		⑤			

69 アジア・アフリカ諸国の独立と新興独立国の結束

❓ 節の問い

第二次世界大戦後に独立したアジア・アフリカ諸国は，なぜ地域連携を模索したのだろうか。

ここがポイント

❸を形成する国々は，政治的立場が異なっているにもかかわらず，なぜ結束することができたのだろうか。

ここがポイント

独立後のアラブ諸国では，どのような動きがみられただろうか。

ここがポイント

独立後のアフリカ諸国では，どのような課題が残されただろうか。

1 アジア・アフリカの連帯

(1) 連帯の気運

・アジア・アフリカの新興独立国…植民地主義や米ソ冷戦からの距離の取り方など共通の課題

→❶＿＿＿＿＿＿＿＿＿＿＿＿＿＿＿＿＿（バンドン会議，1955）

：インドネシアのバンドンで開催

→アジア・アフリカの独立国29カ国が参加（政治的にさまざまな立場）

→反植民地主義などを盛りこんだ❷＿＿＿＿＿＿＿＿＿＿を採択

(2) アジア・アフリカ諸国の結束

・❸＿＿＿＿＿＿＿＿＿＿の形成⇔アメリカ陣営（第一世界）・ソ連陣営（第二世界）

→戦後国際政治に大きな影響をおよぼす

2 アラブ・ナショナリズムとスエズ戦争

(1) エジプト

・❹＿＿＿＿＿＿＿＿＿がアラブ民族主義の旗手に…❶にも参加，アスワン＝ハイダムの建設計画→❺＿＿＿＿＿＿＿＿＿に援助求める

→❹のソ連寄りの外交姿勢に不信感を抱いた❺が援助拒絶

→❹，建設資金確保のため❻＿＿＿＿＿＿＿＿＿＿の国有化を決定

⇒イギリス・フランス・イスラエルによる侵攻（＝❼＿＿＿＿＿＿＿＿＿）

→ソ連・❺が非難，停戦へ（❺は英仏の植民地主義的な行動容認できず）

→❹はアラブ世界で英雄視，❺がイギリスにかわり中東への関与深める

(2) イラン

・❽＿＿＿＿＿＿＿＿政権…❾＿＿＿＿＿＿国有化を実行，イギリス資本の❾会社を接収

→親❺派のクーデタで政権倒れる（1953）

⇒以後，❺の影響下で❾収入による工業化推進

3 アフリカ諸国の独立

(1) 独立の達成…アジアと同様に民族運動が高まる

・「❿＿＿＿＿＿＿＿＿＿＿」…⓫＿＿＿＿＿年に17カ国が独立達成

(2) 独立後のアフリカ諸国

・植民地時代の境界線がそのまま国境線に→同じ民族の分断・複数の民族が一つの国に組み入れられるなどの事態発生

⇒民族対立を原因とする紛争多発，国家統一を強行する独裁政権をめぐってクーデタや内戦が頻発

問いのステップにチャレンジ

問❶ 第三世界とは，どのような国々をさすのだろうか。

問❷ 史料4「ナセル『革命の哲学』」(教 p.229)によれば，スエズ運河はどのような歴史をたどってきたことがわかるだろうか。

4 ナセル『革命の哲学』(1953 年)

　スエズ運河は大きな犠牲によってきずかれたエジプトの運河である。そしてスエズ運河会社はイギリス人によってエジプトからよこどりされたエジプトの会社である。イギリス人は運河の開通いらいこの会社の利益をおさめてきたし，イギリス人その他は今日もなおその利益をえている。……

　いまや，100年を経過したのちに，もろもろの権利がエジプトの人民にとりもどされて，われわれは真の解放を達成しつつある。かつてスエズ運河会社は帝国主義とその支持者の陰謀にたよって，国家のなかの一国家をなしていた。……

　スエズ運河は過去において抑圧の組織であった。いまや，われわれの資産はわれわれの手にかえりつつ，われわれの権利はわれわれに回復された。

(ナセル著，西野照太郎訳『革命の哲学』角川書店)

問❸ 独立後のアフリカ諸国ではどのような問題がおきただろうか。

(1) 教科書 p.229の地図5「アフリカ諸国の独立」で，国境線が直線のようになっている国がところどころあるのはなぜだろうか。教科書 p.148の地図2「20世紀前半の世界」とも見比べながら答えよう。

(2) (1)もふまえ，**問❸**への解答をまとめよう。

第1節 考察を深める問い　あなたは，第三世界の動きが現代の政治経済にどのような影響をおよぼしていると考えるだろうか。

70 先進国の経済成長と南北問題

? 節の問い

なぜ，第二次世界大戦後に独立した第三世界の国々と先進工業国との間には経済格差が存在したのだろうか。

ここがポイント

日本と西欧の経済成長の背景には，どのようなことがあるだろうか。

① 日本と西欧の高度成長

(1) 経済成長の背景

・1950年代〜　日本・西欧諸国で経済が急成長

・1960年代　日米欧の経済成長つづく（「黄金の60年代」）

《背景》先進国間で水平分業が発展

❶＿＿＿＿＿＿＿　・❷＿＿＿＿＿＿＿が自由貿易体制を支える

(2) 高度成長の実現

《日本》・❸＿＿＿＿＿＿＿内閣が「所得倍増」を掲げて好景気をもたらす

《西欧》・❹＿＿＿＿＿＿＿が著しい経済成長＝「経済の奇跡」

　　　→❺＿＿＿＿＿＿＿では❹の経済的繁栄にひきつけられて西ベルリンから❹に脱出する人々が続出

　　　⇒❻＿＿＿＿＿＿＿の構築(1961)

・国家間の経済協力の動き

　　　→シューマン＝プラン(1950)…フランスと❹の石炭・鉄鋼の共同管理を主張

　　　→❼＿＿＿＿＿＿＿（ＥＣＳＣ）の創設(1952)…西欧6カ国が参加

　　　→❽＿＿＿＿＿＿＿（ＥＣ）発足(1967)…共通の農業政策や資本の移動の自由化など推進

② ラテンアメリカ諸国の動き

ここがポイント

第二次世界大戦後のラテンアメリカでは，どのような動きがみられただろうか。

・第二次世界大戦後，アメリカの影響力強まる

　⇔社会改革と経済的自立をめざす動き，アメリカの干渉に反発する動き

《キューバ》・❾＿＿＿＿＿＿＿らが親米政権打倒(キューバ革命)

　　　→❿＿＿＿＿＿＿＿を建設して東側陣営に加わる

　　　→アメリカはキューバとの対決姿勢を強める

③ 広がる経済格差

ここがポイント

先進国と開発途上国は地球上のどのような位置に集中しているだろうか。

《第三世界の国々》

・⓫＿＿＿＿＿＿＿をとる国が出現する一方，植民地時代の従属的な経済構造（⓬＿＿＿＿＿＿＿）から抜けだせない国も

→先進国と開発途上国の経済格差が拡大

　＝⓭＿＿＿＿＿＿＿…国際社会の重要な課題に(1950年代末〜)

　→⓮＿＿＿＿＿＿＿（ＵＮＣＴＡＤ）設立(1964)

　　　…開発途上国の立場を尊重した貿易のしくみを整える

問❶ 史料3「シューマン゠プラン」(教 p.232)は，ヨーロッパ統合のためには何が必要だと述べているだろうか。

3 シューマン゠プラン(1950年)

　一体化し活力あるヨーロッパが文明のために貢献(こうけん)することこそが，平和的な関係の維持に不可欠なのです。……
　ヨーロッパは一挙に，また単一の構造体としてつくられるわけではありません。……ヨーロッパ諸国が一つとなるためには，ドイツとフランスの積年の敵対関係が一掃(いっそう)されることが必要です。フランスとドイツこそが率先して行動を起こすべきなのです。
　……フランス政府は，独仏の石炭および鉄鋼の全生産物を共通の高等機関のもとで，ヨーロッパのその他の国々が参加する開放的組織に配することを提案いたします。
　石炭・鉄鋼生産の共同化は，経済発展の共通基盤を早急に確立し，ヨーロッパ連邦(れんぽう)の第一歩を記すでしょう。……

(『世界史史料11』岩波書店)

問❷ 第二次世界大戦後のラテンアメリカではどのような動きがおきただろうか。

問❸ 第三世界の国々の多くは，独立後にどのような問題に苦しめられただろうか。

(1) 右図「インドネシアの輸出産品の変化」(教 p.233図7)より，インドネシアはどのような経済政策をとった国と考えられるだろうか。

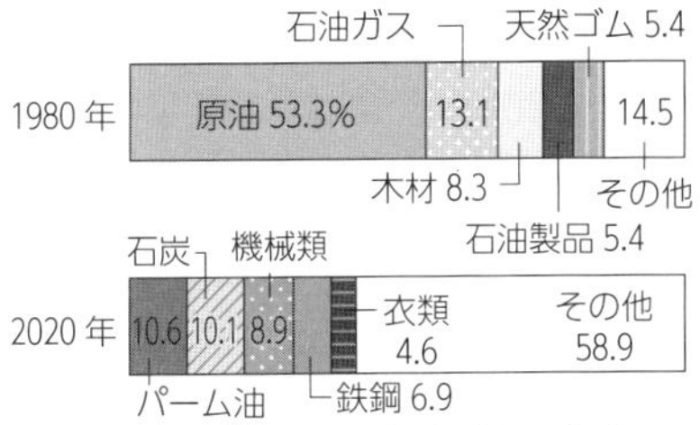

石油ガス　　　天然ゴム 5.4

1980年　原油 53.3%　13.1　14.5
木材 8.3　　その他
石油製品 5.4

石炭　機械類

2020年　10.6 10.1 8.9　衣類 4.6　その他 58.9
パーム油　鉄鋼 6.9

(2) (1)のような国がある一方で，第三世界の大半の国はどのような問題に苦しめられただろうか。

第2節 **考察を深める問い** あなたは，先進工業国の開発援助や国際連合による開発援助は，第三世界の国々にどのような影響をあたえたと考えるだろうか。

71 集団安全保障と冷戦の展開

❓ 節の問い

第二次世界大戦の惨禍への反省から，国際連合ではどのような紛争解決の方法が構想されただろうか。

ここがポイント

国際連盟の時点ではどのような制裁が可能だっただろうか。

ここがポイント

冷戦下で米ソが各国と軍事同盟を結んだことに対して，第三世界ではどのような動きが現れただろうか。

ここがポイント

なぜ核兵器開発競争が進展したのだろうか。

① 国際連合の集団安全保障体制

(1) 国際連合と国際連盟のちがい

・国際連合…国際連盟と同じく❶＿＿＿＿＿＿＿＿＿＿＿の考え方継承

→一方，多数決制の採用，国連軍による❷＿＿＿＿＿＿＿＿が可能に

(2) 米ソ冷戦と国際連合

・米ソ冷戦下で米ソが❸＿＿＿＿＿＿＿で❹＿＿＿＿＿＿をたびたび行使→❸での合意形成が困難に

・❺＿＿＿＿＿＿＿では国連軍が結成されるも，ソ連が❸を欠席していたため，❸の結束を前提とした本来の国連軍とは異なるものに

② 軍事同盟の広がり

《ソ連》…中国と❻＿＿＿＿＿＿＿＿＿＿＿調印（1950）

《アメリカ》…軍事同盟の結成により共産主義勢力の拡大阻止めざす

・フィリピンと相互防衛条約，オーストラリア・ニュージーランドと太平洋安全保障条約（ＡＮＺＵＳ）調印（1951）

・❼＿＿＿＿＿と相互防衛条約調印（1953）

・タイ・フィリピンなどと❽＿＿＿＿＿＿（ＳＥＡＴＯ）結成（1954），トルコ・イラクなどと❾＿＿＿＿＿＿＿結成（1955）

⇒軍事同盟網の広がりに対する警戒感

→第三世界で❿＿＿＿＿＿＿＿が出現

③ 核兵器の拡散

(1) 核保有国の増加と核兵器開発競争

・1949年にソ連がアメリカについで原子爆弾製造に成功→イギリス（1952）・⓫＿＿＿＿＿＿＿（1960）・中国（1964）も核保有国に

・アメリカは1952年に⓬＿＿＿＿＿＿の実験成功，翌年にはソ連も⓬の実験成功

→核兵器開発競争の進展：⓭＿＿＿＿＿＿（ＩＣＢＭ）や潜水艦発射弾道ミサイル（ＳＬＢＭ）の登場

(2) 核兵器廃絶の動き

・アメリカの⓬実験による日本の漁船⓮＿＿＿＿＿＿＿の被曝（1954）ほか，世界各地で核実験場近くの住民が被曝

・ラッセルと⓯＿＿＿＿＿＿＿が核兵器の危険性警告→核兵器廃絶をめざす科学者たちが⓰＿＿＿＿＿＿開催（1957）

問いのステップにチャレンジ

問❶　冷戦下の国際連合における安全保障体制はどのように運用されただろうか。

問❷　核兵器開発競争は，どのように展開されただろうか。

(1)　教科書の記述をもとに，右の年表の空欄に当てはまる語を答えよう。

a（　　　　　　　　　　）　b（　　　　　　　　　　　）

c（　　　　　　　　　　）　d（　　　　　　　　　　　）

1945	アメリカ，広島・長崎に原子爆弾投下
1946	（　a　），原子爆弾製造に成功
1952	アメリカ，初の水爆実験
	（　b　），核保有国に
1953	（　a　），初の水爆実験
1957	（　a　），ＩＣＢＭ開発
1960	（　c　），核保有国に
1964	（　d　），核保有国に

(2)　(1)もふまえ，**問❷**への解答をまとめよう。

問❸　史料5「ラッセル＝アインシュタイン宣言」(教 p.235)は，核兵器についてどのような点が脅威だと述べているだろうか。

5 ラッセル＝アインシュタイン宣言(1955年)

……水爆戦争になれば大都市が跡形もなく破壊されてしまうだろうことは疑問の余地がない。しかしこれは，私たちが直面することを余儀なくされている小さな悲惨事の一つである。たとえロンドンやニューヨークやモスクワのすべての市民が絶滅したとしても2，3世紀のあいだには世界は打撃から回復するかもしれない。しかしながら今や私たちは，とくにビキニの実験以来，核爆弾はこれまでの推測よりもはるかに広範囲にわたって徐々に破壊力を広げるであろうことを知っている。……　　　　　　　　　　　　　　　　　　　　　　　（日本パグウォッシュ会議ウェブページ）

第3節　**考察を深める問い**　あなたは，国際連合において可能になった紛争解決方法が，冷戦がはじまったことによってどのような影響を受けたと考えるだろうか。

72 平和共存と多極化の進展

❓ 節の問い
冷戦に対して平和共存や緊張緩和を求める人々の活動は，①米ソ両国，②東西両陣営に属する国のそれぞれにおいて，どのように展開されただろうか。

① 米ソの平和共存と核不拡散体制

(1) 米ソと核兵器

・❶＿＿＿＿＿＿＿＿＿＿＿＿(1962)…キューバへのソ連のミサイル基地建設をめぐる米ソの対立→両国による全面核戦争の危機

→アメリカの❷＿＿＿＿＿＿＿＿＿とソ連の❸＿＿＿＿＿＿＿＿＿は外交で危機を打開，翌年に米ソ首脳間にホットライン開設

→米ソ英3カ国で❹＿＿＿＿＿＿＿＿＿＿＿調印(1963)

(2) 核不拡散体制

・1969年〜　米ソ間で❺＿＿＿＿＿＿＿＿＿＿＿＿＿(第1次SALT)開始

・1968年　米ソ英など62カ国が❻＿＿＿＿＿＿＿＿＿(NPT)調印…核兵器保有国の増加に歯止めをかける目的，日本も署名・批准

② ヨーロッパの自立と緊張緩和

《フランスの動き》

・❼＿＿＿＿＿＿＿＿＿大統領の独自外交：「フランスの栄光」唱える

1960年　核開発成功

1962年　❽＿＿＿＿＿＿＿＿＿の承認

1966年には❾＿＿＿＿＿＿＿の軍事機構から脱退

《西ドイツの動き》

・❿＿＿＿＿＿＿＿＿首相がソ連・東欧諸国との関係改善めざす

＝⓫＿＿＿＿＿＿＿＿＿

→ソ連と武力不行使条約，ポーランドと国交正常化

東西ドイツの相互承認(1972)→東西ドイツが国連に同時加盟(1973)

・1975年　アルバニアを除く全欧州諸国・アメリカ・カナダが参加してフィンランドで⓬＿＿＿＿＿＿＿＿＿開催

→⓭＿＿＿＿＿＿＿採択

：戦後の国境の尊重，人や情報の交流の自由化

③ 中ソ対立と中国の動向

・❸による⓮＿＿＿＿＿＿＿＿＿(1956年)┐

・ソ連の⓯＿＿＿＿＿＿＿路線 ─────→ ソ連と中国の間で論争発生

→ソ連：中国への原爆開発支援や経済支援を停止→技術者の引きあげ

→中国は独自に⓰＿＿＿＿＿＿＿に成功(1964)，ソ連への批判強化

→1969年　両国が軍事衝突(中ソ国境紛争)⇒中ソ対立の深刻化

ここがポイント
西ドイツから見て，社会主義陣営諸国はどのような位置に存在しているだろうか。

ここがポイント
❸による⓮やソ連の⓯路線は中国との関係にどのような影響をあたえただろうか。

問❶ 史料4「ケネディ大統領のフルシチョフ首相宛書簡」(教 p.236)で，ケネディ大統領はどのようなことを主張しているだろうか。

(1) 教科書を確認し，史料中の空欄に当てはまる語句を答えよう。

4 ケネディ大統領のフルシチョフ首相宛書簡(1962年)

……キューバでは，長距離ミサイル基地を含む攻撃的兵器システムの配備が急速に進められています。アメリカは，この（　　　）を除去する決意であると申し上げなければなりません。同時に，わが国がとっている行動は，（　　　）を取り去るうえで必要最小限のものであることを指摘しておきたいと考えます。しかし，最小限の対応しかとっていないという事実によって，貴下がいかなる誤解もされないよう強く望みます。……　　　（『世界史史料11』岩波書店）

(2) (1)もふまえ，**問❶**への解答をまとめよう。

問❷ 全欧安全保障協力会議の開催にはどのような歴史的意義があったといえるだろうか。以下の文章中の空欄a・bに当てはまる語句を記入し，□□□□に当てはまる文章を考えてみよう。

当時，鎖国政策をとっていたアルバニアを除くすべての（a　　　　　　　　）とアメリカ，カナダの首脳が参加し，戦後の（b　　　　　　　）を関係各国が尊重することなどに合意したこと，つまり，東西冷戦下において，□□□□のために合意を形成したことに歴史的意義があったといえる。

問❸ 中ソ対立の原因にはどのようなものがあっただろうか。

第4節 考察を深める問い　米ソ両陣営の冷戦下で世界を多極化に向かわせたいくつかの動きについて，①対立・紛争によって多極化に向かった動き，②地域連携によって多極化に向かった動き，③平和や自由を求める諸国の独自な動き，のそれぞれについて事例をあげて，その世界への影響を考えてみよう。

①対立・紛争によって多極化に向かった動き	
②地域連携によって多極化に向かった動き	
③平和や自由を求める諸国の独自な動き	

151

73 アメリカ合衆国の覇権の動揺

❓節の問い

なぜ1970年代にアメリカ合衆国の経済が動揺したのだろうか。

ここがポイント

なぜアメリカのドルを基軸通貨とした経済体制がゆらぐことになったのだろうか。

1 ドル支配の変容

(1)　アメリカ経済の不振

・アメリカ…圧倒的な経済力，ドルがいつでも金と交換できるというしくみ
（＝❶_____）により戦後の世界経済を主導

→ソ連との競争を背景とした対外援助支出の増加，西ドイツ・日本の経済
成長による❷_____，長期化する❸_____
の戦費などによりアメリカ経済は不振におちいる

→1964年には人種差別を禁じる❹_____が制定，社会福祉の
充実などがめざされるが，軍事費や社会保障費の急増でアメリカ経済は
行きづまる

(2)　新たな国際経済体制

・1971年，❺_____大統領が❻_____
を発表するとともに，ドルと他国通貨との固定相場を改めてドルを切り下
げ，その後，❼_____に移行させる

＝ドルを基軸とした❽_____が終了

→世界経済はアメリカ・西ヨーロッパ・日本を中心とする三極構造に
主要国が通貨や金融の安定のための政策協調に注力

ここがポイント

なぜアメリカは中国との関係改善をすすめたのだろうか。また，それは世界にどのような影響をあたえただろうか。

2 ベトナム戦争と米中接近

(1)　❸の展開

・1965年　アメリカの❾_____大統領が❸に本格的に軍事
介入←南ベトナムが共産化すれば近隣アジア諸国に共産主義が広がりかね
ないという「❿_____」を掲げる

⇒❸の泥沼化

→❺大統領，和平に向けて中国に接近

→1973年，⓫_____を結んで撤退

・1975年に南ベトナムのサイゴンが陥落して❸が終結，南北ベトナム統一

→ベトナムの⓬_____侵攻や⓭_____がお
こり，インドシナ半島は安定しない状態つづく

(2)　米中関係の変化

・1972年2月　❺大統領が訪中して⓮_____と会談

→1979年に国交を樹立⇒各国に大きな衝撃

・日本も中国との関係改善に乗りだし，1972年9月に⓯_____
首相が訪中して国交を正常化

問いのステップにチャレンジ

問❶ ブレトン＝ウッズ体制の終焉により，世界経済はどのように変容したのだろうか。

問❷ ベトナム戦争は，冷戦の枠組みのなかでどのように展開しただろうか。以下の語句を用いて説明しよう。

【語句】 共産主義，アメリカ，中ソ対立，中国

問❸ 史料5「日中共同声明」(教 p.239)によれば，日本と中国・台湾の関係はどのように変容したのだろうか。

(1) 史料中の空欄a・bに当てはまる国名をそれぞれ答えよう。

a (　　　　　　　　　　　　　)

b (　　　　　　　　　　　　　)

(2) (1)もふまえ，**問❸**への解答をまとめよう。

> **5 日中共同声明**(1972 年)
>
> ……日本側は，過去において日本国が戦争を通じて中国国民に重大な損害を与えたことについての責任を痛感し，深く反省する。……
> 1　日本国と(　a　)との間のこれまでの不正常な状態は，この共同声明が発出される日に終了する。
> 2　日本国政府は，(　a　)政府が中国の唯一の合法政府であることを承認する。
> 3　(　a　)政府は，(　b　)が(　a　)の領土の不可分の一部であることを重ねて表明する。日本国政府は，この(　a　)政府の立場を十分理解し，尊重し，ポツダム宣言第8項に基づく立場を堅持する。……

第1節 考察を深める問い　1970年代以降にアメリカ合衆国の経済の圧倒的優位が動揺したことは，ほかの西側陣営にどのような影響をあたえただろうか。

74 資源ナショナリズムの動きと産業構造の転換

❓節の問い
石油危機によって打撃を受けた先進工業国では，政治・経済のあり方をどのように変化させていったのだろうか。

ここがポイント

なぜ資源ナショナリズムの動きが生まれ，勢いを増すようになったのだろうか。

1 石油危機と資源ナショナリズム

(1)　2度の石油危機

《中東》…❶＿＿＿＿＿＿＿＿＿＿の建国以降，アラブ諸国との紛争つづく

・1973年の第4次❷＿＿＿＿＿＿＿＿ではアラブ諸国が❸＿＿＿＿＿＿＿を打ちだす＝❶の友好国に対する原油供給の停止や制限

・さらに，❹＿＿＿＿＿＿＿＿＿＿＿（OPEC）が原油価格を大幅に引き上げる

　⇒石油価格が4倍にはね上がり，先進工業国は大きな打撃を受ける

　　＝❺＿＿＿＿＿＿＿＿＿

(2)　資源ナショナリズム

・❺以降，石油の価格決定権は石油メジャーから産油国に移る

・1979年の❻＿＿＿＿＿＿＿＿＿＿ではイランの対米関係の悪化などが懸念されて再び石油価格が高騰

　→❼＿＿＿＿＿＿＿＿＿

　⇒産油国以外の開発途上国でも，自国の資源に対する主権を確立しようとする資源ナショナリズムが勢いを増すようになる

2 世界経済への影響

・❽＿＿＿＿＿＿＿＿＿＿と❺で打撃を受けた先進工業国では不況とインフレが同時に進行し経済成長が減速

　→各国が協調して対応を協議するために❾＿＿＿＿＿＿＿（サミット）が開催される（1975）→以降毎年開かれる

・❺は途上国にも影響＝石油価格の高騰で経済的苦境におちいり，政情不安からクーデタがおきたり，多額の債務をかかえたりする国が続出

・先進工業国では経済成長の鈍化と財政難によって福祉政策の維持が困難に

　→1980年代になると，減税や規制緩和をすすめるなど「小さな政府」をめざす

ここがポイント

イギリスなどでは，なぜ福祉国家をすすめる路線から，「小さな政府」をめざす路線に転換されたのだろうか。

　　❿＿＿＿＿＿＿＿＿＿を掲げる政権が登場

　　　：アメリカの⓫＿＿＿＿＿＿＿大統領

　　　イギリスの⓬＿＿＿＿＿＿＿政権

3 日本経済の動向

・日本…❺後に省エネルギー化やマイクロエレクトロニクス革命がすすみ，いち早く不況から脱出。世界各地の市場で競争力を高める

　→各国との⓭＿＿＿＿＿＿＿が問題化

　⇒とくにアメリカとの⓭が深刻化

問❶ 資源ナショナリズムとは，どのような現象だろうか。

問❷ 史料6「『ウィメンズ・オウン』誌に掲載されたサッチャーの発言」(教 p.241)によれば，新保守主義における政府と国民の関係はどのようなものだと述べられているだろうか。

(1) 史料中の空欄に当てはまる語を答えよう。

6 『ウィメンズ・オウン』誌に掲載(けいさい)されたサッチャーの発言』(1987年)

あまりにも多くの子どもや大人たちが，もし（ a ）に問題があれば，それに対処するのは（ b ）の仕事だと思いこまされた時代を過ごしてきたように思います。……彼らは（ a ）の問題を（ c ）に転嫁(てんか)しています。でも（ c ）とは誰(だれ)のことをさすのでしょうか。（ c ）などというものは存在しないのです。存在するのは，個々の男と女ですし，家族です。そして，最初に人びとが（ a ）の面倒(めんどう)をみようとしないかぎりは，どんな（ b ）だって何もできはしないのです。……

(『世界史史料11』岩波書店)

a (　　　　　　　)　　　b (　　　　　　　)　　　c (　　　　　　　)

(2) (1)もふまえ，**問❷**への解答を考えよう。

問❸ 石油危機後，日本の対外貿易はどのような問題に直面しただろうか。

第2節 考察を深める問い　①なぜ1970年代に先進工業国では経済成長にかげりが見えてきたのだろうか。②また，あなたはそのなかでなぜ日本の経済が成長をつづけることができたと考えるだろうか。

①1970年代に先進工業国で経済成長にかげりが見えてきた理由	
②日本の経済が成長をつづけることができた理由	

155

75 アジア・ラテンアメリカ諸国の経済成長と南南問題

1 アジアの経済成長と民主化

(1) アジアの経済成長

・1970年代…❶＿＿＿＿＿・台湾・香港・シンガポールが先進諸国の市場を重視する輸出志向型工業化を達成

　＝❷＿＿＿＿＿＿＿＿＿＿＿＿（NIES）

　→❶の❸＿＿＿＿＿＿政権や，インドネシアの❹＿＿＿＿＿＿政権などによる経済成長によって強権的な支配を正当化する開発体制

　→アメリカや日本は，共産主義陣営に対抗するねらいもありこれらの政権を支援

(2) 民主化の進展

・1980年代以降，経済成長とともに民主化を求める動きが台頭

　→《フィリピン》…独裁的な❺＿＿＿＿＿＿政権が倒れる

　《❶》…直接選挙によって❻＿＿＿＿＿が大統領に選ばれる

　《台湾》…複数政党が容認され，1996年に初の総統直接選挙が実現。台湾出身者の❼＿＿＿＿＿＿が改めて総統に選出される

2 ラテンアメリカの発展と停滞

(1) ラテンアメリカ諸国の経済水準

・第一次世界大戦のころがピークで，その後は増減をくり返す

・輸出を❽＿＿＿＿＿＿やその加工に依存→天然資源価格が下落すると経済も低迷

・民間銀行などから多額の借り入れ→第2次❾＿＿＿＿＿＿で先進国が不況になると輸出も停滞→1980年代には債務危機におちいる

(2) ラテンアメリカ諸国の動き

・チリ…社会主義を掲げる❿＿＿＿＿＿＿政権が成立

・アルゼンチン…⓫＿＿＿＿＿が経済の民主化を推進。クーデタで追放されるものちに復権

3 南南問題

・1970年代…アラブの産油国が先進工業国を上回る富を手にし，アジア❷や，⓬＿＿＿＿＿＿＿＿＿＿＿（ASEAN）の国々も成長とげる

　⇔⓭＿＿＿＿＿では，工業化がすすまず資源も保有しない⓮＿＿＿＿＿＿＿＿＿＿＿（LDC）とされる国が多く存在

　→かつての開発途上国の間で経済的格差が生じる＝⓯＿＿＿＿＿問題

　⇒いかにして国際社会の関心をひきつけるかが問題に

問いのステップにチャレンジ

問❶ 第二次世界大戦後のアジアの経済成長と政治の動きはどのような関係にあることが多いだろうか。

問❷ ラテンアメリカ諸国の経済はどのような状態にあるだろうか。

(1) 右の図でA～Cにあてはまる地域を，教科書 p.244の図 2「1965～90年の一人当たりGNP平均成長率」を参照して答えよう。

A（　　　　　　　　　　　　　　　　）

B（　　　　　　　　　　　　　　　　）

C（　　　　　　　　　　　　　　　　）

(2) (1)もふまえ，ラテンアメリカ諸国の経済構造の特徴にも留意して**問❷**への解答を考えよう。

問❸ 資料10「後発開発途上国として認定される基準」(教 p.245)より，後発開発途上国の特徴は何だろうか。

第3節 考察を深める問い　あなたは，いまだに残る諸地域間の経済格差が世界にどのような影響をあたえていると考えるだろうか。

76 冷戦の終結と地域紛争の頻発

? 節の問い

冷戦の時代と冷戦後の紛争解決方法のちがいはどこにあるのだろうか。

ここがポイント

❶がすすめた改革は，ソ連と東欧諸国にどのような影響をあたえただろうか。

ここがポイント

⓫は経済面と政治面でどのような政策をすすめただろうか。

ここがポイント

冷戦終結後，世界ではどのような問題が生じただろうか。

1 東欧革命からソ連の消滅へ

(1) ソ連の変化

・1985年，❶＿＿＿＿＿＿＿＿＿＿＿がソ連共産党書記長に就任。硬直化したソ連の政治経済システムの改革めざす

→・❷＿＿＿＿＿＿＿＿＿（情報公開）と❸＿＿＿＿＿＿＿＿＿＿＿＿＿（改革）

・❹＿＿＿＿＿＿外交…❺＿＿＿＿＿＿＿＿＿＿＿（ＩＮＦ）全廃条約に調印(1987)，❻＿＿＿＿＿＿＿＿＿＿から撤退(1989)

(2) 東欧革命とソ連の消滅

《東欧》…ソ連の改革を受け，民主化の動きが浮上

・ポーランド，チェコスロヴァキア，ハンガリーで非共産政権誕生

・東ドイツで❼＿＿＿＿＿＿＿＿＿＿が崩壊，東西ドイツ統一(1990)

《ソ連》…ソ連からの離脱を求める動き強まる(❽＿＿＿＿＿＿＿＿＿など)

・❶の改革に反発する保守派のクーデタ→失敗→鎮圧で中心となったロシア共和国大統領の❾＿＿＿＿＿＿＿＿＿＿をはじめ，ソ連を構成する15の共和国が独立を宣言⇒ソ連消滅

(3) 中国の動向

・1976年，毛沢東死去→❿＿＿＿＿＿＿＿＿が収束

→⓫＿＿＿＿＿＿＿による「改革・開放」政策→経済成長を実現

⇔政治的には，民主化などを求めた民衆の大規模デモを武力で鎮圧

＝⓬＿＿＿＿＿＿事件(1989)

2 地域紛争の頻発と国連安保理

(1) 地域紛争の頻発

・冷戦後…民族対立が表面化，民族紛争や分離独立の動きが頻発

→⓭＿＿＿＿＿＿＿＿＿＿では内戦がおこって国が分裂

(2) 国連安保理

・1991年の⓮＿＿＿＿＿＿＿＿では，国連安保理決議にもとづく多国籍軍が結成されてイラクからクウェートを奪回

・2003年の⓯＿＿＿＿＿＿＿＿では，各国の動きがまとまらず，アメリカが一部の同盟国との「有志連合」でフセイン政権を打倒

・今日では「⓰＿＿＿＿＿＿＿＿＿＿」が重視され，一国では対応できない人間の生活・尊厳を脅かす問題に対して，国境をこえた支援の必要性が指摘されている

問❶ 1980年代末から90年代初頭にかけて，社会主義圏ではどのような動きがおこっただろうか。ソ連・東欧・中国の動きに注目して，まとめよう。

問❷ 冷戦終結後の国際社会では，どのような問題が表面化しただろうか。

問❸ 史料6「人間の安全保障に関する国連総会決議」（教 p.247）では，「人間の安全保障」とはどのような考え方だと述べられているだろうか。**問❸**への解答をまとめた下の文章中の空欄Aには適切な文章を，空欄B・Cには適切な語句を，それぞれ史料から抜きだして答えよう。

6 人間の安全保障に関する国連総会決議 (2012 年)

3 ……人間の安全保障の概念に関する共通理解は以下を含む。
(a) 人々が自由と尊厳の内に生存し，貧困と絶望から免れて生きる権利。すべての人々，特に脆弱な人々は，すべての権利を享受し彼らの持つ人間としての可能性を開花させる機会を平等に有し，恐怖からの自由と欠乏からの自由を享受する権利を有すること。
(g) 政府は市民の生存，生計及び尊厳を確保する一義的な役割及び責任を有すること。国際社会は政府の求めに応じ，現在及び将来の危機に対処する政府の能力の強化に必要な支援を提供し補完する役割を担うこと。……

「人間の安全保障」とは，すべての人々がもつ（　Ａ　）権利を，一国の（　Ｂ　）のみならず，（　Ｃ　）も責任をもって保障していくことをめざす考え方のことである。

A	
B	C

第4節 考察を深める問い　あなたは，冷戦後も世界で地域紛争がなくならず，テロリズムが広がっていったことのもっとも大きな原因は何だと考えるだろうか。

---

77 経済のグローバル化

❓節の問い
グローバル化は，アメリカ・ヨーロッパ諸国・日本・新興工業地域・開発途上国のそれぞれにどのような影響をあたえてきただろうか。

ここがポイント
❷が加速したことにより，世界はどのように変化しただろうか。

1 経済のグローバル化と相次ぐ金融危機

・冷戦の終結＝ソ連・東欧圏の解体，情報通信技術の発達

　→資金が地球規模で動き，世界的に事業を展開する❶

　　が増え，企業の海外進出がさかんに

　　＝❷ が加速→経済活動が世界的に著しく活性化

　⇔金融危機が相次ぐ

　　：1997年にタイではじまった❸

　　　→韓国や東南アジア諸国に大きな打撃

　　2008年にアメリカではじまった❹

　　　→アメリカ・日本・ヨーロッパをおおう金融危機に

2 新興国の台頭と米中摩擦

・❹後の先進国の経済混乱⇔新興国は順調な経済発展をつづける

　→代表格は❺ 　　　：ブラジル・ロシア・❻ 　　　・

　中国・❼

　→なかでも中国の成長が著しく，2010年には世界第二の経済大国に

　→「❽ 　　　　」構想やアジアインフラ投資銀行（ＡＩＩＢ）の設立で

　　国際的な影響力の向上をめざす⇔米中間の経済摩擦は激化

3 地域的経済統合の広がりと新たな課題

ここがポイント
ヨーロッパではじまった地域的経済統合はどのように広まっていただろうか。また，その特徴は何だろうか。

(1) 地域的経済統合の広がり

・戦後，地域的経済統合はまず西欧で本格化＝ＥＣからＥＵへ

　→やがて，北米自由貿易協定（❾ 　　　　　　　），南米共同市場

　　（ＭＥＲＣＯＳＵＲ），東南アジア諸国連合（❿ 　　　　　　　）

　　などが成立

　→環太平洋地域ではアジア太平洋経済協力（⓫ 　　　　　）が発足。

　　2018年には⓬ 　　　　　　が発効

　⇔ヨーロッパでは，統合の強化や移民増加などに対する反発も背景に2020

　　年には⓭ 　　　　　がＥＵから離脱

(2) ❷がもたらす負の側面

・国内外における⓮ 　　　　　の拡大

・⓯ 　　　　　の拡大など→2020年には新型コロナウイルス感染症がま

　たたく間に世界中に広がる

　→⓯や⓰ 　　　　　の防止など，地球規模の課題に対応する

　　ためには，これまで以上に緊密な国際協調が必要

問❶　冷戦後における経済のグローバル化の要因にはどのようなものがあるだろうか。

問❷　史料2「『一帯一路』構想に関わる習近平中国国家主席の演説」(教 p.248)より，中国の掲げる「一帯一路」構想の目的はどのようなものと考えられるだろうか。

(1)　史料中の空欄Aに入る，ユーラシア大陸における古代の通商路を答えよう。

2　「一帯一路」構想に関わる習近平中国国家主席の演説

　……団結・相互信頼，平等互恵，包容〈inclusive〉・相互参照，協力・ウィンウィンを堅持しさえすれば，異なる種族，異なる信条，異なる文化的背景の国が完全に平和を共有し，共に発展することが完全に可能である。
　……われわれユーラシア各国の経済的つながりを一層緊密にし，相互協力を一層深まらせ，発展空間を一層広々としたものにするため，われわれは革新的な協力モデルによって，「(　A　)経済帯」を共同で建設することができる。
…………
(中華人民共和国駐日本国大使館ウェブページ)

(　　　　　　　　　　　　　　　　　　)

(2)　(1)で答えた名称も使用して，**問❷**への解答をまとめよう。

問❸　グローバル化はどのような弊害を生んだだろうか。

第5節　考察を深める問い　あなたは，グローバル化によって生じた諸問題がどのように解決されていくべきだと考えるだろうか。

78　原子力の利用や宇宙探査などの科学技術／医療技術・バイオテクノロジーと生命倫理

① 核兵器と宇宙ロケット／原子力発電とその課題

(1) 科学技術の飛躍的な発展（20世紀〜現代）

・核兵器の開発…❶＿＿＿＿＿＿＿＿＿のアメリカによる日本への使用

・❷＿＿＿＿＿＿＿＿の開発…核兵器を相手に撃ちこむための運搬手段

→ソ連が初の人工衛星❸＿＿＿＿＿＿＿＿＿の打ち上げ

に成功(1957)⇒米ソの宇宙開発競争激化→アメリカは人類をはじめて月

面に送りこむことに成功(1969)（＝❹＿＿＿＿＿＿＿＿）

・核廃絶を求める運動…❺＿＿＿＿＿＿＿＿＿条約(1963)，

❻＿＿＿＿＿＿＿＿条約（ＮＰＴ）(1968)の調印

・冷戦終結後も核兵器保有国はなくならず→新たに保有する国も出現

⇔❼＿＿＿＿＿＿＿＿条約採択・発効(2021)→日本は不参加

(2) 原子力発電とその課題

・原子力発電…化石燃料にたよらず長期的・安定的に電力供給可能

→ソ連を皮切りに欧米や日本などの主要な先進諸国へ広まる

⇒大きな事故の際には制御不能になり深刻な犠牲と危機をひきおこす

…チョルノービリ（チェルノブイリ）原子力発電所事故(1986)，❽＿＿＿＿＿

＿＿＿＿＿＿＿事故(2011)

→高濃度の放射性廃棄物の処分方法も課題

② 医療技術の拡大と向上／バイオテクノロジーと生命倫理

(1) 医学・生物学の発展

・抗生物質の製造と治療への利用…❾＿＿＿＿＿＿＿＿によるペニシ

リン発見(1929)

・ウイルスに対する治療法は未だ少ない…ＨＩＶウイルス・コロナウイルス

・《先進諸国》…医療の量的拡大・質的向上⇔《開発途上地域》…医療未発達

→先進国でも生死をめぐる自己決定権のあり方をめぐる論争つづく

・少子高齢化の進展（東アジア）…労働力不足，社会保障制度への負荷増大

(2) バイオテクノロジーと生命倫理

・❿＿＿＿＿＿＿＿の二重らせん構造の解明(1953)→遺伝子組換え技術の開

発(1973)＝バイオテクノロジー…生物や生命現象を応用，人間や社会に有

用な利用法開発

・⓫＿＿＿＿＿＿＿＿の解読完成(2003)

・⓬＿＿＿＿＿＿＿＿技術…細胞操作によって同一の遺伝子をもつ新たな

生命を生みだす←法的，社会的，生命倫理的にさまざまな問題指摘

節の問い
原子力の利用や宇宙の探査は，何を目的としてはじめられ，どのようにしてすすんでいったのだろうか。

ここがポイント
核軍縮・核拡散の動きにはどのようなものがあっただろうか。

節の問い
人生100年時代とよばれる人の長寿化はどのように可能になったのだろうか。

ここがポイント
医療技術の拡大と向上によってどのような問題が生まれただろうか。

ここがポイント
バイオテクノロジーとしてどのような技術があげられるだろうか。

問❶ 軍拡競争の活発化にともなう核の脅威に対して，どのような動きがおこっただろうか。

問❷ 史料 3「オバマ・アメリカ大統領のプラハ演説」(教 p.252)では，オバマ大統領はどのようなことを主張しただろうか。

問❸ 原子力が人類にはたす功罪をあげてみよう。

第1節 考察を深める問い　あなたは，科学技術の進歩が，結果として現代の私たちに何をもたらしたと考えるだろうか。

- -

問❶ 医療技術の拡大によって生まれた新たな問題にはどのようなものがあるだろうか。

問❷ 「緑の革命」とはどのようなものだろうか。

問❸ 史料 6「ヒトゲノムと人権に関する世界宣言」(教 p.255)では，人権尊重の観点から，ヒトゲノムの取りあつかいにはどのような規定が設けられているだろうか。

第2節 考察を深める問い　あなたは，医療技術・バイオテクノロジーが役立てられる一方で，どのような課題を生みだしてきたと考えるだろうか。

 人工知能と労働のあり方の変容／情報通信技術の発達と知識の普及

❓節の問い
人工知能(AI)やロボットの開発はどのような段階を経てすすめられてきたのだろうか。

ここがポイント
コンピュータの技術の発展は何をもたらしただろうか。

1 コンピュータと人工知能／AI時代の労働環境

(1) コンピュータと人工知能

・コンピュータの開発…第二次世界大戦中に開始

→小型化・低価格化すすむ(トランジスタ・❶＿＿＿＿＿＿＿＿＿＿)(20世紀後半)

→米ソによる軍拡競争(大陸間弾道ミサイルの弾頭に積載するコンピュータ小型化の技術)⇒民間転用→家庭用・個人用のコンピュータ普及

→❷＿＿＿＿＿＿＿＿＿＿の開発(「京」・「富岳」)

・❸＿＿＿＿＿＿(人工知能)の開発…自分で学習して自分で処理する能力(深層学習)獲得(21世紀)

⇒ありとあらゆる領域で❸ロボットの活躍する時代が予見されている

(2) ❸時代の労働環境

・❸ロボット…「❹＿＿＿＿＿＿＿＿＿＿」の主役の一つに

⇔「古くて新しい問題」の発生…これまでの産業革命で生産や労働が機械化・合理化されてきた＝職業がなくなり雇用がうばわれることに

2 メディアの変遷とICT／ソーシャルメディアと知識基盤社会

❓節の問い
インターネットや携帯電話・スマートフォンなどの情報通信技術(ICT)の発達は，社会のグローバル化をどのようにおしすすめてきただろうか。

ここがポイント
❼の発達によってどのようなことが可能になっただろうか。

(1) メディアの変遷とICT

・新たなメディアの登場…❺＿＿＿＿＿＿(20世紀前半)，❻＿＿＿＿＿(1950年代以降)，ケーブルテレビ・衛星放送(1970〜80年代)

・インターネット…1960年代末に構築された分散型ネットワークから発展

→1990年代以降は広く全世界で利用

→情報通信の端末機器も発展・小型化・軽量化すすむ

・❼＿＿＿＿＿＿＿(ICT)の発達…時間・場所を問わずに同一の情報アクセス手段を通じてほとんどの社会活動が可能に

→❽＿＿＿＿＿＿＿感染症の拡大は遠隔手段の普及に拍車をかける

⇒仮想の現実と真の現実の境界が縮小し二つの現実を人々が日常的に移動

ここがポイント
知識基盤社会ではどのような能力が求められるだろうか。

(2) ソーシャルメディアと知識基盤社会

・ソーシャルメディアの時代…情報の拡散に制約や支配を受けにくい

⇒政変や革命につながることも。一方で差別などの多くの問題も発生

→SNS市場は巨大IT企業による寡占(❾＿＿＿＿＿＿など)

…情報の独占や❿＿＿＿＿＿保護の観点から懸念発生

・知識基盤社会への転換…知のグローバル化進展，人材の争奪戦激化

問❶ コンピュータの開発・改良にはどのような歴史的背景が存在しただろうか。

問❷ 近年，ＡＩはどのような領域で活躍しているだろうか。

問❸ 歴史的に産業はどのように高度化されてきただろうか。

第3節 考察を深める問い あなたは，人工知能(AI)やロボットが産業や社会に対してどのような影響をあたえていると思うだろうか。

- -

問❶ ＩＣＴの発達によって，産業や社会活動のあり方はどのように変わっただろうか。

問❷ ソーシャルメディアの普及による功罪にはどのようなものがあるだろうか。

問❸ 知識基盤社会とはどのような社会だろうか。

第4節 考察を深める問い あなたは，情報通信技術(ICT)の発達が国際社会をどのような問題に直面させていると考えるだろうか。

80 編末問題 ❹

1 **冷戦の展開について述べた次の文章を読み，下の問いに答えよ。**

　第二次世界大戦の終結後の1945年10月に国際連合が発足し，国際連盟と同じく集団安全保障の考え方が受けつがれた。しかし，国連発足当初から米ソの冷戦が本格化し，米ソが①拒否権を行使したことによって安全保障理事会が機能不全になることがあった。その後も，米ソの対立は緊張と緩和をくり返し，1962年の②キューバ危機では全面核戦争の危機に直面した。米ソ両国はこれを交渉によって回避し，翌1963年には（　A　）もふくめた3カ国により③部分的核実験禁止条約が締結された。その後，米ソの関係は再び緊張するが，1985年にソ連で④ゴルバチョフが書記長に就任すると米ソの対立も終結に向かい，1987年に（　B　）が締結され，⑤1989年には東欧諸国で民主化・自由化を求める革命がおこった。同年に⑥ブッシュ米大統領とゴルバチョフが会談し，冷戦に終止符が打たれた。

問1　文章中の空欄（　A　）〜（　B　）に入る語を答えよ。[知・技]

A		B	

問2　下線部①に関連して，米ソ以外で拒否権を行使することが可能な国をすべて答えよ（発足当時）。
[知・技]　　　　　　　　　（　　　　　　　　　　　　　　　　　　　　　　　　　　）

問3　下線部②のときのキューバの指導者を，次のa〜dより一つ選び，記号で答えよ。[知・技]

　a　カストロ　　　b　ケネディ　　　c　スターリン　　　d　フルシチョフ　　[　　]

問4　下線部③の条約で合意した内容について，右図を見て説明せよ。[思・判・表]

問5　下線部④の人物がソ連国内でおこなった一連の改革を何というか，カタカナ7字で答えよ。[知・技]
　　　　　　　　　　（　　　　　　　　　　　　）

問6　下線部⑤に関連して，次の問いに答えよ。

(1)　このとき冷戦・東西ドイツの分断の象徴が崩壊したが，その名称を答えよ。[知・技]
　　　　　　　　　　　　　　　　　　　　　　　　　　　　（　　　　　　　　　　　　）

(2)　同年に中国でおこった，民主化を求めるデモを政府が武力鎮圧した事件の名称と，この時の中国の指導者の組み合わせとして正しいものを，次のa〜dより一つ選び，記号で答えよ。[知・技]　[　　]

　a　事件—文化大革命　指導者—毛沢東　　　b　事件—文化大革命　指導者—鄧小平
　c　事件—天安門事件　指導者—毛沢東　　　d　事件—天安門事件　指導者—鄧小平

問7　下線部⑥に関連して，この会談の名称を答えよ。[知・技]　（　　　　　　　　　　　　）

2 **第二次世界大戦後のヨーロッパ諸国の動向について述べた次の文章を読み，下の問いに答えよ。**

　第二次世界大戦後，イギリスやフランスの国際的な存在感は低下した。そのようななかで，「フランスの栄光」を掲げた（　A　）はアメリカから距離をとる外交を展開して存在感を示し，西ドイツではブラント首相がソ連・東欧との関係改善をはかる（　B　）を展開した。その後，①ドル＝ショックや石油危機などにより国際経済が停滞すると，その対応のため先進国首脳会議(サミット)が開催され，西ヨーロッパはアメリカ・日本とともに世界経済の三極構造を形成した。1980年代になるとイギリスで新保守主義を掲げるサッチャー政権が②「小さな政府」をめざす諸政策をおこなった。

問1　文章中の空欄（　A　）～（　B　）に入る語を答えよ。知・技

A		B	

問2　下線部①について述べた次の文中の波線部が正しければ○を，誤っていれば適語を答えよ。

　a　アメリカのジョンソン大統領が，金とドルの交換の停止を宣言した。　知・技

　b　この後にアメリカは固定相場制から変動相場制に移行させ，ブレトン＝ウッズ体制は崩壊した。

a		b	

問3　下線部②とはどのような政策であるか，40字以内で説明せよ。思・判・表

---

3 **第二次世界大戦後のアジア諸国の動向に関する次の文章を読み，下の問いに答えよ。**

　アジアでは第二次世界大戦後に多くの独立国が誕生し，米ソの冷戦に巻きこまれることを嫌った指導者らは諸国の連帯をはかった。1955年の（　A　）で反植民地主義・主権の尊重などを盛りこんだ平和十原則を採択するなど存在感を示すことに成功し，米ソ(第一世界・第二世界)に対する（　B　）を構築することとなった。しかし，工業化をすすめるための経済力は低く，先進工業国と開発途上国との格差が拡大したため，1964年には（　C　）が設立され，貿易上の一定の優遇などの措置が認められた。また，①韓国・フィリピン・インドネシアのように強権的な政府が国民を抑圧しつつ工業化をすすめる国や，イランやアラブ諸国のように②資源の主権を取りもどそうとする動きも現れた。こうした動きもあって，③途上国のなかでも工業化に成功した国々と開発の遅れた国々の間で経済格差が生じるようになった。

問1　文章中の（　A　）～（　C　）に入る語を答えよ。知・技

A		B		C	

問2　下線部①について述べた次の文a～dのうち，正しいものを一つ選び，記号で答えよ。知・技

　a　経済開発のために独裁政治を正当化することから，このような政治体制を開発独裁という。

　b　韓国では盧泰愚政権のもとで経済成長を実現する一方で，民主化運動を弾圧した。

　c　フィリピンでは長期にわたる独裁をつづけたスハルト政権が，民主化運動のなかで倒れた。

　d　インドネシアでは，軍人出身のマルコスが政治の実権をにぎっていた。

問3　下線部②に関連して，アラブ産油国が第4次中東戦争のときにとった行動を説明せよ。思・判・表

問4　下線部③のような状況を何というか答えよ。知・技　　　　　（　　　　　　　　　　）

4 第二次世界大戦後のアフリカを示した右の地図を見て，下の問いに答えよ。

問1 Aの国について述べた次の文ア・イの正誤の
組み合わせとして正しいものを，次のa〜dより
一つ選び，記号で答えよ。 思・判・表 ☐

ア ナセルは，農業の近代化に必要な電力を得る
ため，スエズ運河の株式をアメリカに売却し，
ダム建設の資金を得た。

イ 1956年に，イギリス・フランスはイスラエル
とともにこの国に侵攻したが，ソ連やアメリカ
の非難を受け，1週間あまりで停戦した。

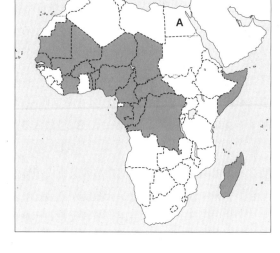

a アー正 イー正 b アー正 イー誤
c アー誤 イー正 d アー誤 イー誤

問2 地図中の着色部分の国がいっせいに独立した1960年は何とよばれるか答えよ。 知・技

（ ）

問3 アフリカの多くの国が独立後も植民地時代の従属的な経済構造から抜けだせず，先進国との経済
格差が拡大したが，この経済構造を何というか答えよ。 知・技

（ ）

5 冷戦終結後の現在の世界に関する次の文章を読み，下の問いに答えよ。

冷戦が終結すると，それまで冷戦下でおさえられていた諸問題が新たな国際問題となり，（ A ）が
多民族の対立の結果6つの国に分裂するなど，民族紛争や分離・独立をめざす動きが各地で頻発した。
また，イラクがクウェートに侵攻したことによりひきおこされた（ B ）など，利権をめぐる地域紛争
もおこった。

第二次世界大戦後，世界では地域内の経済統合もすすんだ。東南アジアでは（ C ）が，南米では
MERCOSUR が，北米では（ D ）が発足し，地域内の経済交流がすすめられた。とくにヨーロッパ
では，①経済的統合から発展して政治的統合もめざされた。地域協力の範囲も広がっており，環太平洋
地域では，（ E ）が自由貿易のさらなる推進をめざし，また，2018年には CPTPP も発効した。中国
は，「（ F ）」とよばれる広域経済圏構想を主張している。

問1 文章中の空欄（ A ）〜（ F ）に入る語を答えよ。 知・技

A		B		C	
D		E		F	

問2 下線部①について，次の問いに答えよ。

(1) 1952年に発足したヨーロッパ石炭鉄鋼共同体の設立の目的を簡潔に説明せよ。 思・判・表

(2) 2020年にヨーロッパ連合（EU）から離脱した国を答えよ。 知・技 （ ）